AF462985

GUIDE DES FAMILLES

EN MATIÈRE

DE RECRUTEMENT.

Imprimerie de BACQUENOIS, COSSE ET APPERT,
rue Christine, n° 2.

GUIDE DES FAMILLES
EN MATIÈRE
DE RECRUTEMENT

CONTENANT DES EXPLICATIONS PRÉCISES ET DÉTAILLÉES *sur les objets ci-après* :

Inscription sur les Tableaux de recensement. —Tirage au sort. —Cas d'exemption et de dispense. — Substitutions et remplacemens. — Engagemens volontaires et rengagemens.— Remplacemens dans les corps.—Libération, etc., etc.

PAR HIPPOLYTE LEVESQUE,

COMMIS RÉDACTEUR AU MINISTÈRE DE LA GUERRE,
Bureau du Recrutement;

ET A. DORAT,

COMMIS RÉDACTEUR AU MÊME MINISTÈRE,
Auteur du Manuel portatif des officiers de santé militaires, du Manuel des officiers d'administration des hôpitaux militaires approuvé par M. le Ministre de la guerre.

Publié

Avec la permission du Ministre de la guerre.

PARIS,

ANSELIN, SUCCESSEUR DE MAGIMEL,
Libraire pour l'Art militaire les Sciences et les Arts,
RUE DAUPHINE, N° 36, dans le passage Dauphine

1834.

PRÉFACE.

De toutes les lois auxquelles chaque citoyen est tenu d'obéir, il n'en est peut-être pas d'un intérêt plus général et plus puissant que celle qui, chaque année, enlève des milliers de jeunes gens à leur famille, à leur industrie, à leurs affections, ou les renvoie libres d'un tribut que souvent on ne paie qu'avec peine.

La loi du recrutement ne saurait donc être l'objet d'une étude trop approfondie. Et cependant elle est peut-être celle que la masse de la population connaît le plus superficiellement. La preuve de ce fait résulte de l'expérience de tous les jours qui fait connaître que, soit par ignorance des règles à suivre, et des pièces à produire, soit par suite d'une confiance trop aveugle dans des positions qui ont besoin d'être justifiées, un grand nombre de jeunes gens se trouvent privés des avantages accordés par cette loi.

Notre *Guide* a pour but de remédier à cet inconvénient.

Ainsi MM. les maires des nombreuses communes de France, appelés chaque année à concourir à l'exécution de la loi, seront fixés d'une manière certaine sur la nature des obligations qu'elle leur impose.

Les pères de famille connaîtront dans quelles circonstances leurs fils doivent être conservés à leur tendresse ou ravis au foyer paternel.

Quant à nos braves soldats et ceux qui aspirent à le devenir, ils sauront à quelles conditions l'État les admet à l'honneur de le servir, et pendant quel espace de temps il a droit de compter sur leur courage et leur dévouement.

Nous prenons les jeunes Français au moment où, ayant atteint leur vingtième année, ils sont tenus de se faire inscrire sur les tableaux de recensement, et nous les suivons pas à pas dans les positions diverses où ils peuvent se trouver placés, jusqu'à l'époque où l'accomplissement de leur temps de service leur permet de rentrer dans leurs foyers. Nous nous sommes particulièrement attachés aux cas d'exemptions, de dispenses, ainsi qu'aux remplacemens, et dans chacune de ces positions, nous disons aux jeunes gens : voilà ce que vous devez, voilà ce qu'on vous doit.

Analyser toutes les règles qui régissent la matière, en les appuyant d'exemples nombreux présentés avec la plus grande clarté possible et mis à la portée de toutes les intelligences, tel a été le but constant de nos efforts.

La position des auteurs garantit la scrupuleuse exactitude qui a présidé à la rédaction du *Guide des Familles*.

Cet ouvrage, fruit d'un travail long et consciencieux, et le seul conforme à la jurisprudence actuelle, est aussi le seul qui ait été publié avec la permission de M. le Ministre de la guerre, depuis la promulgation de la nouvelle loi.

Un tel privilége ne peut manquer de recommander à chacun l'acquisition d'un livre aussi utile et aussi peu dispendieux. Nul doute que MM. les maires ne comprennent la nécessité de placer un exemplaire de ce *Guide* dans les archives de leurs communes, comme document indispensable pour éclairer leurs administrés sur leurs devoirs ainsi que sur leurs véritables intérêts en matière de recrutement.

GUIDE DES FAMILLES

EN MATIÈRE

De Recrutement.

RECRUTEMENT DE L'ARMÉE.

Loi du 21 mars 1832.

LOUIS-PHILIPPE, Roi des Français, etc.

TITRE PREMIER.

DISPOSITIONS GÉNÉRALES.

Art. 1. L'armée se recrute par des appels et des engagemens volontaires, conformément aux règles prescrites ci-après, titres II et III.

2. Nul ne sera admis à servir dans les troupes françaises, s'il n'est Français.

Tout individu né en France, de parens étrangers, sera soumis aux obligations imposées par la présente loi, immédiatement après qu'il aura été admis à jouir du bénéfice de l'article 9 du Code civil (1).

Sont exclus du service militaire, et ne pourront, à aucun titre, servir dans l'armée, — 1° Les individus qui ont été condamnés à une peine afflictive ou infamante ;

— 2° Ceux condamnés à une peine correctionnelle de deux ans d'emprisonnement et au-dessus, et qui en outre ont été placés par le jugement de condamnation sous la surveillance de la haute police, et interdits des droits civiques, civils et de famille;

3. L'armée se compose dans les proportions qui résultent des lois annuelles de finances et du contingent.

— 1° De l'effectif entretenu sous les drapeaux;

— 2° Des hommes qui sont laissés ou envoyés en congé dans leurs foyers.

(1) Tout individu né en France d'un étranger pourra, dans l'année qui suivra l'époque de sa majorité, réclamer la qualité de *Français*, pourvu que, dans le cas où il résiderait en France, il déclare que son intention est d'y fixer son domicile, et que, dans le cas où il résiderait en pays étranger, il fasse sa soumission de fixer en France son domicile, et qu'il l'y établisse dans l'année à compter de l'acte de soumission. (*Art. 9 du code civil.*)

TITRE II.

DES APPELS.

4. Le tableau de la répartition, entre les départemens, du nombre d'hommes à fournir, en vertu de la loi annuelle du contingent, pour les troupes de terre et de mer, sera annexé à ladite loi.

Le mode de cette répartition sera fixé par la même loi.

5. Le contingent assigné à chaque canton sera fourni par un tirage au sort entre les jeunes Français qui auront leur domicile légal dans le canton, et qui auront atteint l'âge de vingt ans révolus dans le courant de l'année précédente.

6. Seront considérés comme légalement domiciliés dans le canton :

— 1° Les jeunes gens, même émancipés, engagés, établis au dehors, expatriés, absens ou détenus, si d'ailleurs leurs père, mère ou tuteur ont leur domicile dans une des communes du canton, ou s'ils sont fils d'un père expatrié qui avait son dernier domicile dans une desdites communes ;

— 2° Les jeunes gens mariés dont le père, ou la mère, à défaut de père, sont domiciliés dans le canton, à moins qu'ils ne justifient de leur domicile réel dans un autre canton ;

—3° Les jeunes gens mariés et domiciliés dans le canton, alors même que leur père ou leur mère n'y seraient pas domiciliés;

—4° Les jeunes gens nés et résidant dans le canton, qui n'auraient ni leur père, ni leur mère, ni tuteur;

—5° Les jeunes gens résidant dans le canton, qui ne seraient dans aucun des cas précédens, et qui ne justifieraient pas de leur inscription dans un autre canton.

7. Seront, d'après la notoriété publique, considérés comme ayant l'âge requis pour le tirage, les jeunes gens qui ne pourront produire, ou n'auront pas produit avant le tirage, un extrait des registres de l'état civil, constatant un âge différent, ou qui, à défaut de registres, ne pourront prouver ou n'auront pas prouvé leur âge, conformément à l'article 46 du Code civil (1).

Ils suivront la chance du numéro qu'ils auront obtenu.

(1) Lorsqu'il n'aura pas existé de registres, ou qu'ils seront perdus, la preuve en sera reçue tant par titres que par témoins; et dans ces cas, les mariages, naissances et décès pourront être prouvés tant par les registres et papiers émanés des pères et mères décédés que par témoins. (*Art.* 46 *du code civil.*)

8. Les tableaux de recensement des jeunes gens du canton soumis au tirage d'après les règles précédentes, seront dressés par les maires :

— 1° Sur la déclaration à laquelle seront tenus les jeunes gens, leurs parens ou tuteurs;

— 2° D'office, d'après les registres de l'état civil et de tous autres documens ou renseignemens.

Ils seront ensuite publiés et affichés dans chaque commune et dans les formes prescrites par les articles 63 et 64 du Code civil (1).

(1) Avant la célébration du mariage, l'officier de l'état civil fera deux publications, à huit jours d'intervalle, un jour de dimanche, devant la porte de la maison commune. Ces publications, et l'acte qui en sera dressé, énonceront les prénoms, noms, professions et domiciles des futurs époux, leur qualité de majeurs ou de mineurs, et les prénoms, noms, professions et domiciles de leurs pères et mères. Cet acte énoncera, en outre, les jours, lieux et heures où les publications auront été faites : il sera inscrit sur un seul registre qui sera coté par première et dernière, et paraphé sur chaque feuille, par le président du tribunal de première instance, ou par le juge qui le remplacera, et déposé, à la fin de chaque année, au greffe du tribunal de l'arrondissement. (*Art.* 63 *du code civil.*)

Un extrait de l'acte de publication sera et restera

Un avis publié dans les mêmes formes indiquera les lieu, jour et heure où il sera procédé à l'examen desdits tableaux et à la désignation, par le sort, du contingent cantonal.

9. Si, dans l'un des tableaux de recensement des années précédentes, des jeunes gens ont été omis, ils seront inscrits sur le tableau de l'année qui suivra celle où l'omission aura été découverte, à moins qu'ils n'aient trente ans accomplis.

10. Dans les cantons composés de plusieurs communes, l'examen des tableaux de recensement et le tirage au sort auront lieu au chef-lieu de canton, en séance publique, devant le sous-préfet, assisté des maires du canton. Dans les communes qui forment un ou plusieurs cantons, le sous-préfet sera assisté du maire et de ses adjoints.

Le tableau sera lu à haute voix. Les jeunes gens, leurs parens ou ayant cause, seront entendus dans leurs observations. Le sous-préfet statuera, après avoir pris

affiché à la porte de la maison commune, pendant les huit jours d'intervalle de l'une à l'autre publication. Le mariage ne pourra être célébré avant le troisième jour, depuis et non compris celui de la seconde publication. (*Art.* 64 *du code civil.*)

Paris des maires. Le tableau rectifié, s'il y a lieu, et définitivement arrêté, sera revêtu de leurs signatures.

Dans les cantons composés de plusieurs communes, l'ordre dans lequel elles seront appelées pour le tirage sera, chaque fois, indiqué par le sort.

11. Le sous-préfet inscrira en tête de la liste du tirage les noms des jeunes gens qui se trouveront dans les cas prévus par le second paragraphe de l'article 38 ci-après.

Les premiers numéros leur seront attribués de droit : ces numéros seront en conséquence extraits de l'urne avant l'opération du tirage.

12. Avant de commencer l'opération du tirage, le sous-préfet comptera publiquement les numéros déposés dans l'urne ; et, après s'être assuré que ce nombre est égal à celui des jeunes gens appelés à y concourir, il en fera la déclaration à haute voix.

Aussitôt après, chacun des jeunes gens appelés dans l'ordre du tableau prendra dans l'urne un numéro qui sera immédiatement proclamé et inscrit. Les parens des absens, ou à leur défaut, le maire de leur commune, tireront à leur place.

L'opération du tirage achevée sera définitive : elle ne pourra, sous aucun prétexte, être recommencée, et chacun gardera le numéro qu'il aura tiré.

La liste, par ordre de numéros, sera dressée au fur et à mesure du tirage. Il y sera fait mention des cas et des motifs d'exemption ou de déduction que les jeunes gens ou leurs parens, ou les maires des communes, se proposeront de faire valoir devant le conseil de révision dont il sera parlé ci-après. Le sous-préfet y ajoutera ses observations.

La liste du tirage sera ensuite lue, arrêtée et signée de la même manière que le tableau de recensement, et annexée avec ledit tableau au procès-verbal des opérations. Elle sera publiée et affichée dans chaque commune du canton.

13. Seront exemptés et remplacés, dans l'ordre des numéros subséquens, les jeunes gens que leur numéro désignera pour faire partie du contingent, et qui se trouveront dans un des cas suivans, savoir :

— 1° Ceux qui n'auront pas la taille d'un mètre cinquante-six centimètres;

— 2° Ceux que leurs infirmités rendront impropres au service;

— 3° L'aîné d'orphelins de père et de mère;

— 4° Le fils unique ou l'aîné des fils, ou, à défaut de fils ou de gendre, le petit-fils unique ou l'aîné des petits-fils d'une femme actuellement veuve, ou d'un père aveugle ou entré dans sa soixante-dixième année.

Dans les cas prévus par les paragraphes ci-dessus notés 3° et 4°, le frère puiné jouira de l'exemption, si le frère aîné est aveugle ou atteint de toute autre infirmité incurable qui le rende impotent;

— 5° Le plus âgé de deux frères appelés à faire partie du même tirage, et désignés tous deux par le sort, si le plus jeune est reconnu propre au service;

— 6° Celui dont un frère sera sous les drapeaux à tout autre titre que pour remplacement;

— 7° Celui dont un frère sera mort en activité de service, ou aura été réformé, ou admis à la retraite pour blessures reçues dans un service commandé, ou infirmités contractées dans les armées de terre ou de mer.

L'exemption accordée conformément aux numéros 6 et 7 ci-dessus, sera appliquée dans la même famille autant de fois que les mêmes droits s'y reproduiront.

Seront comptées néanmoins, en déduction desdites exemptions, les exemptions déjà accordées aux frères vivans, en vertu du présent article, à tout autre titre que pour infirmité.

Le jeune homme omis qui ne se sera pas présenté par lui ou ses ayant cause pour concourir au tirage de la classe à laquelle il appartenait, ne pourra réclamer le bénéfice des exemptions indiquées par les numéros 3, 4, 5, 6 et 7 du présent article, si les causes de ces exemptions ne sont survenues que postérieurement à la clôture des listes du contingent de sa classe.

14. Seront considérés comme ayant satisfait à l'appel et comptés numériquement en déduction du contingent à former, les jeunes gens désignés par leur numéro pour faire partie dudit contingent qui se trouveront dans l'un des cas suivans :

— 1° Ceux qui seraient déjà liés au service, dans les armées de terre ou de mer, en vertu d'un engagement volontaire, d'un brevet ou d'une commission, sous la condition qu'ils seront, dans tous les cas, tenus d'accomplir le temps de service prescrit par la présente loi;

— 2° Les jeunes marins portés sur les registres matricules de l'inscription maritime, conformément aux règles prescrites par les articles 1, 2, 3, 4 et 5 de la loi du

25 octobre 1795 (3 brumaire an IV), et les charpentiers de navire, perceurs, voiliers et calfats immatriculés, conformément à l'article 44 de ladite loi;

— 3° Les élèves de l'Ecole polytechnique, à condition qu'ils passeront, soit dans ladite école, soit dans les services publics, un temps égal à celui fixé par la présente loi pour le service militaire;

— 4° Ceux qui, étant membres de l'instruction publique, auraient contracté, avant l'époque déterminée pour le tirage au sort, et devant le conseil de l'Université, l'engagement de se vouer à la carrière de l'enseignement.

La même disposition est applicable aux élèves de l'Ecole normale centrale de Paris, à ceux de l'Ecole dite *de jeunes de langue*, et aux professeurs des institutions royales des Sourds-Muets;

— 5° Les élèves des grands séminaires, régulièrement autorisés à continuer leurs études ecclésiastiques; les jeunes gens autorisés à continuer leurs études pour se vouer au ministère dans les autres cultes salariés par l'état, sous la condition, pour les premiers, que, s'ils ne sont pas entrés dans les ordres majeurs à vingt-cinq ans accomplis, et pour les seconds, que s'ils n'ont pas reçu la consécration dans l'année qui suivra celle où ils auraient pu la recevoir, ils seront tenus d'accomplir le temps de service prescrit par la présente loi ;

— 6° Les jeunes gens qui auront remporté les grands prix de l'Institut ou de l'Université.

Les jeunes gens désignés par leur numéro pour faire partie du contingent cantonal, et qui en auront été déduits conditionnellement, en exécution des numéros 1, 2, 3, 4 et 5 du présent article, lorsqu'ils cesseront de suivre la carrière en vue de laquelle ils auront été comptés en déduction du contingent, seront tenus d'en faire la déclaration au maire de leur commune dans l'année où ils auront cessé leurs services, fonctions ou études, et de retirer expédition de leur déclaration.

Faute par eux de faire cette déclaration, et de la soumettre au visa du préfet du département dans le délai d'un mois, ils seront passibles des peines prononcées par le premier paragraphe de l'article 38 de la présente loi.

Ils seront rétablis dans le contingent de leurs classes, sans déduction du temps écoulé depuis la cessation desdits services.

fonctions ou études, jusqu'au moment de la déclaration.

15. Les opérations du recrutement seront revues, les réclamations auxquelles ces opérations auraient pu donner lieu seront entendues, et les causes d'exemption et de déduction seront jugées, en séance publique, par un conseil de révision composé :

Du préfet, président, ou, à son défaut, du conseiller de préfecture qu'il aura délégué ;

D'un conseiller de préfecture,

D'un membre du conseil général du département,

D'un membre du conseil de l'arrondissement, tous trois à la désignation du préfet ;

D'un officier général ou supérieur désigné par le roi.

Un membre de l'intendance militaire assistera aux opérations du conseil de révision : il sera entendu toutes les fois qu'il le demandera, et pourra faire consigner ses observations aux registres des délibérations.

Le conseil de révision se transportera dans les divers cantons; toutefois, suivant les localités, le préfet pourra réunir dans le même lieu plusieurs cantons pour les opérations du conseil.

Le sous-préfet, ou le fonctionnaire par lequel il aurait été suppléé pour les opérations du tirage, assistera aux séances que le conseil de révision tiendra dans l'étendue de son arrondissement.

Il y aura voix consultative.

16. Les jeunes gens qui, d'après leurs numéros, pourront être appelés à faire partie du contingent, seront convoqués, examinés et entendus par le conseil de révision.

S'ils ne se rendent point à la convocation, ou s'ils ne se font pas représenter, ou s'ils n'obtiennent pas un délai, il sera procédé comme s'ils étaient présens.

Dans les cas d'exemption pour infirmités, les gens de l'art seront consultés.

Les autres cas d'exemption ou de déduction seront jugés sur la production de documens authentiques, ou, à défaut de documens, sur des certificats signés de trois pères de famille domiciliés dans le même canton, dont les fils sont soumis à l'appel ou ont été appelés. Ces certificats devront en outre être signés et approuvés par le maire de la commune du réclamant.

17. Le conseil de révision statuera également sur les substitutions de numéros et les demandes de remplacement.

18. Les substitutions de numéros sur la liste cantonale pourront avoir lieu, si celui qui se présente à la place de l'appelé est reconnu propre au service par le conseil de révision.

19. Les jeunes gens compris définitivement dans le contingent cantonal, pourront se faire remplacer.

Le remplacement ne pourra avoir lieu qu'aux conditions suivantes :

Le remplaçant devra,

— 1° Être libre de tout service et obligations imposées soit par la présente loi, soit par celle du 25 octobre 1795 sur l'inscription maritime;

— 2° Etre âgé de vingt à trente ans au plus, ou de vingt à trente-cinq, s'il a été militaire, ou de dix-huit à trente, s'il est frère du remplacé;

— 3° N'être ni marié, ni veuf avec enfans;

— 4° Avoir au moins la taille d'un mètre cinquante-six centimètres, s'il n'a pas déjà servi dans l'armée, et réunir les autres qualités requises pour faire un bon service;

— 5° N'avoir pas été réformé du service militaire.

— 6° Suivant sa position, être porteur des certificats spécifiés dans les articles 20 et 21 ci-après.

20. Le remplaçant produira un certificat délivré par le maire de la commune de son dernier domicile. Si le remplaçant ne compte pas au moins une année de séjour dans cette commune, il sera tenu d'en produire également un autre du maire de la commune ou des maires des communes où il aura été domicilié pendant le cours de cette année.

Les certificats devront contenir le signalement du remplaçant, et attester,

—1° La durée du temps pendant lequel il a été domicilié dans la commune;

— 2° Qu'il jouit de ses droits civils;

— 3° Qu'il n'a jamais été condamné à une peine correctionnelle pour vol, escroquerie, abus de confiance, ou attentat aux mœurs.

Dans le cas où le maire de la commune ne connaîtrait pas l'individu qui ferait la demande de ce certificat, il devra en constater légalement l'identité, et recueillir les preuves et témoignages qu'il jugera convenables pour arriver à la connaissance de la vérité.

21. Si le remplaçant a été militaire, outre le certificat du maire, il devra produire un certificat de bonne conduite du corps dans lequel il aura servi.

22. Le remplaçant sera admis par le conseil de révision du département dans lequel le remplaçant a concouru au tirage.

23. Le remplacé sera, pour le cas de désertion, responsable de son remplaçant pendant un an, à compter du jour de l'acte passé devant le préfet. Il sera libéré si le remplaçant meurt sous les drapeaux, ou si, en cas de désertion, il est arrêté pendant l'année.

24. Les actes de substitution et de remplacement seront reçus par le préfet, dans les formes prescrites pour les actes administratifs.

Les stipulations particulières qui pourraient avoir lieu entre les contractans, à l'occasion des substitutions et remplacemens, seront soumises aux mêmes règles et formalités que tout autre contrat civil.

25. Hors les cas prévus ci-après, articles 26 et 27, les décisions du conseil de révision seront définitives.

26. Lorsque les jeunes gens désignés par leur numéro pour faire partie du contingent cantonal auront fait des réclamations dont l'admission ou le rejet dépendra de la décision à intervenir sur des questions judiciaires relatives à leur état

ou à leurs droits civils, des jeunes gens en pareil nombre, suivant l'ordre du tirage, seront désignés pour suppléer ces réclamans, s'il y a lieu. Ils ne seront appelés que dans les cas où, par l'effet des décisions judiciaires, les réclamans seraient définitivement libérés.

Ces questions seront jugées contradictoirement avec le préfet, à la requête de la partie la plus diligente.

Les tribunaux statueront sans délai, le ministère public entendu, sauf appel.

27. La disposition de l'article précédent, relative aux jeunes gens appelés conditionnellement, sera également appliquée, lorsqu'aux termes de l'article 41 ci-après, des jeunes gens auront été déférés aux tribunaux comme prévenus de s'être rendus impropres au service, lorsque le conseil de révision aura accordé un délai pour production de pièces justificatives, ou pour cas d'absence, lequel délai ne pourra excéder vingt jours.

28. Après que le conseil de révision aura statué sur les exemptions, déductions, substitutions, remplacemens, ainsi que sur toutes les réclamations auxquelles les opérations du recrutement auront pu donner lieu, la liste du contingent de chaque can-

tion sera définitivement arrêtée et signée par le conseil de révision, et les noms inscrits seront proclamés.

Les jeunes gens qui, aux termes des articles 26 et 27, sont appelés les uns à défaut des autres, ne seront inscrits sur la liste du contingent que conditionnellement et sous la réserve de leurs droits.

Le conseil déclarera ensuite que les jeunes gens qui ne sont pas inscrits sur cette liste, sont définitivement libérés. Cette déclaration, avec l'indication du dernier numéro compris dans le contingent cantonal, sera publiée et affichée dans chaque commune du canton.

Dès que les délais accordés en vertu de l'article 27 seront expirés, ou que les tribunaux auront statué en exécution des articles 26 et 41, le conseil prononcera de la même manière la libération des réclamans ou des jeunes gens conditionnellement désignés pour les suppléer.

Le conseil de révision ne pourra statuer ultérieurement sur les jeunes gens portés sur les listes du contingent que pour les demandes de substitution et de remplacement.

La réunion de toutes les listes du contingent de chaque canton d'un même département formera la liste du contingent départemental.

29. Les jeunes gens définitivement appelés, ou ceux qui ont été admis à les remplacer, seront immédiatement répartis entre les corps de l'armée, et inscrits sur les registres-matricules des corps pour lesquels ils seront désignés.

Néanmoins ils seront, d'après l'ordre de leurs numéros et les proportions déterminées par les lois annuelles du contingent, divisés en deux classes, composées, la première, de ceux qui devront être mis en activité, et la seconde, de ceux qui seront laissés dans leurs foyers.

Les jeunes soldats compris dans la seconde classe ne pourront être mis en activité qu'en vertu d'une ordonnance royale.

30. La durée du service des jeunes soldats appelés sera de sept ans, qui compteront du 1er janvier de l'année où ils auront été inscrits sur les registres-matricules des corps de l'armée.

Le 31 décembre de chaque année, en temps de paix, les soldats qui auront achevé leur temps de service, recevront leur congé définitif.

Ils le recevront en temps de guerre immédiatement après l'arrivée au corps du contingent destiné à les remplacer.

Lorsqu'il y aura lieu d'accorder des congés illimités, ils seront délivrés dans chaque corps aux militaires les plus anciens de service effectif sous les drapeaux, et de préférence à ceux qui les demanderont.

Les hommes laissés ou envoyés en congé pourront être soumis à des revues et à des exercices périodiques qui seront fixés par le ministre de la guerre.

TITRE III.

DES ENGAGEMENS ET RENGAGEMENS.

SECTION PREMIÈRE.

DES ENGAGEMENS.

31. Il n'y aura dans les troupes françaises ni prime en argent, ni prix quelconque d'engagement.

32. Tout Français sera reçu à contracter un engagement volontaire aux conditions suivantes :

L'engagé volontaire devra,

— 1° S'il entre dans l'armée de mer, avoir seize ans accomplis, sans être tenu d'avoir la taille prescrite par la loi, mais sous la condition qu'à l'âge de dix-huit ans il ne pourra être reçu s'il n'a pas cette taille ;

— 2° S'il entre dans l'armée de terre, avoir dix-huit ans accomplis et au moins la taille d'un mètre cinquante-six centimètres ;

— 3° Jouir de ses droits civils ;

— 4° N'être ni marié, ni veuf avec enfans ;

— 5° Etre porteur d'un certificat de bonnes vie et mœurs délivré dans les formes prescrites par l'article 20, et, s'il a moins de vingt ans, justifier du consentement de ses père, mère ou tuteur.

Ce dernier devra être autorisé par une délibération du conseil de famille.

Les conditions relatives, soit à l'aptitude militaire, soit à l'admissibilité dans les différens corps de l'armée, seront déterminées par des ordonnances du roi, insérées au *Bulletin des lois.*

33. La durée de l'engagement volontaire sera de sept ans.

En cas de guerre, tout Français qui n'appartient à aucun contingent, et qui a satisfait à la loi du recrutement, pourra être admis à contracter un engagement volontaire de deux ans. Ces engagemens ne donneront pas lieu aux exemptions prononcées par les nos 6 et 7 de l'article 13 de la présente loi.

Dans aucun cas, les engagés volontaires ne pourront être envoyés en congé sans leur consentement.

34. Les engagemens volontaires seront contractés dans les formes prescrites par les articles 34, 35, 36, 37, 38, 39, 40, 42 et 44 du code civil, devant les maires des chefs-lieux de canton (1).

(1) Les actes de l'état civil énonceront l'année, le jour et heure où ils seront reçus, les prénoms, nom, âge, profession et domicile de tous ceux qui y seront dénommés. (*Art.* 34 *du code civil.*)

Les officiers de l'état civil ne pourront rien insérer dans les actes qu'ils recevront, soit par note, soit par énonciation quelconque, que ce qui doit être déclaré par les comparans. (*Art.* 35 *idem.*)

Dans les cas où les parties intéressées ne seront point obligées de comparaître en personne, elles pourront se faire représenter par un fondé de procuration spéciale et authentique. (*Art.* 36 *idem.*)

Les témoins produits aux actes de l'état civil ne pourront être que du sexe masculin, âgés de vingt-un ans au moins, parens ou autres; et ils seront choisis par les personnes intéressées. (*Art.* 37 *idem.*)

L'officier de l'état civil donnera lecture des actes aux parties comparantes, ou à leur fondé de procuration, et aux témoins. — Il y sera fait mention de l'accomplissement de cette formalité. (*Art.* 38 *idem.*)

Ces actes seront signés par l'officier de l'état civil, par les comparans et les témoins; ou men-

Les conditions relatives à la durée des engagemens seront insérées dans l'acte même.

Les autres conditions seront lues aux contractans avant la signature, et mention en sera faite à la fin de l'acte; le tout sous peine de nullité.

35. L'état sommaire des engagemens volontaires de l'année précédente sera communiqué aux chambres, lors de la loi du contingent annuel.

tion sera faite de la cause qui empêchera les comparans et les témoins de signer. (*Art.* 39 *du code civil.*)

Les actes de l'état civil seront inscrits, dans chaque commune, sur un ou plusieurs registres tenus doubles. (*Art.* 40 *idem.*)

Les actes seront inscrits sur les registres, de suite, sans aucun blanc. Les ratures et les renvois seront approuvés et signés de la même manière que le corps de l'acte. Il n'y sera rien écrit par abréviation, et aucune date ne sera mise en chiffres. (*Art.* 42 *idem.*)

Les procurations et les autres pièces qui doivent demeurer annexées aux actes de l'état civil, seront déposées, après qu'elles auront été paraphées par la personne qui les aura produites, et par l'officier de l'état civil, au greffe du tribunal, avec le double des registres dont le dépôt doit avoir lieu audit greffe. (*Art.* 44 *idem.*)

SECTION II.

DES RENGAGEMENS.

36. Les rengagemens pourront être reçus même pour deux ans, et ne pourront excéder la durée de cinq ans.

Les rengagemens ne pourront être reçus que pendant le cours de la dernière année de service due par le contractant. A l'expiration de cette année, ils donneront droit à une haute-paie.

Les autres conditions seront déterminées par les ordonnances du roi insérées au *Bulletin des lois.*

37. Les rengagemens seront contractés devant les intendans ou sous-intendans militaires, dans les formes prescrites par l'article 34, sur la preuve que le contractant peut rester ou être admis dans le corps pour lequel il se présente.

TITRE IV.

DISPOSITIONS PÉNALES.

38. Toutes fraudes ou manœuvres par suite desquelles un jeune homme aura été omis sur les tableaux de recensement, se-

ront déférées aux tribunaux ordinaires, et punies d'un emprisonnement d'un mois à un an.

Le jeune homme omis, s'il a été condamné comme auteur ou complice desdites fraudes ou manœuvres, sera, à l'expiration de la peine, inscrit sur la liste du tirage, ainsi que le prescrit l'article 11.

39. Tout jeune soldat qui aura reçu un ordre de route et ne sera point arrivé à sa destination au jour fixé par cet ordre, sera, après un mois de délai et hors le cas de force majeure, puni, comme insoumis, d'un emprisonnement qui ne pourra être moindre d'un mois ni excéder une année.

L'insoumis sera jugé par le conseil de guerre de la division militaire dans laquelle il aura été arrêté.

Le temps pendant lequel le jeune soldat aura été insoumis, ne comptera pas en déduction des sept années de service exigées.

40. Quiconque sera reconnu coupable d'avoir recélé ou d'avoir pris à son service un insoumis, sera puni d'un emprisonnement qui ne pourra excéder six mois. Selon les circonstances, la peine pourra être réduite à une amende de vingt à deux cents francs.

Quiconque sera convaincu d'avoir favolisé l'évasion d'un insoumis, sera puni d'un emprisonnement d'un mois à un an.

La même peine sera prononcée contre ceux qui, par des manœuvres coupables, auraient empêché ou retardé le départ des jeunes soldats.

Si le délinquant est fonctionnaire public, employé du gouvernement, ou ministre d'un culte salarié par l'état, la peine pourra être portée jusqu'à deux années d'emprisonnement, et il sera en outre condamné à une amende qui ne pourra excéder deux mille francs.

41. Les jeunes gens appelés à faire partie du contingent de leur classe qui seront prévenus de s'être rendus impropres au service militaire, soit temporairement, soit d'une manière permanente, dans le but de se soustraire aux obligations imposées par la présente loi, seront déférés aux tribunaux par les conseils de révision; et s'ils sont reconnus coupables, ils seront punis d'un emprisonnement d'un mois à un an.

Seront également déférés aux tribunaux, et punis de la même peine, les jeunes soldats qui, dans l'intervalle de la clôture du contingent de leur canton à leur mise en activité, se seront rendus coupables du même délit.

A l'expiration de leur peine, les uns et les autres seront à la disposition du ministre de la guerre pour le temps que doit à l'état la classe dont ils font partie.

La peine portée au présent article sera prononcée contre les complices. Si les complices sont des médecins, chirurgiens, officiers de santé ou pharmaciens, la durée de l'emprisonnement sera de deux mois à deux ans, indépendamment d'une amende de deux cents francs à mille francs qui pourra être prononcée, et sans préjudice de peines plus graves, dans les cas prévus par le code pénal.

42. Ne comptera pas pour les années de service exigées par la présente loi, le temps passé dans l'état de détention en vertu d'un jugement.

43. Toute substitution, tout remplacement effectué soit en contravention des dispositions de la présente loi, soit au moyen de pièces fausses ou de manœuvres frauduleuses, sera déféré aux tribunaux, et sur le jugement qui prononcerait la nullité de l'acte de substitution ou de remplacement, l'appelé sera tenu de rejoindre son corps, ou de fournir un remplaçant dans le délai d'un mois, à dater de la notification de ce jugement.

Quiconque aura sciemment concouru à la substitution ou au remplacement frauduleux, comme auteur ou complice, sera puni d'un emprisonnement de trois mois à deux ans, sans préjudice de peines plus graves en cas de faux.

44. Tout fonctionnaire ou officier public, civil ou militaire, qui, sous quelque prétexte que ce soit, aura autorisé ou admis des exemptions, déductions ou exclusions autres que celles déterminées par la présente loi, ou qui aura donné arbitrairement une extension quelconque, soit à la durée, soit aux règles ou conditions des appels, des engagemens ou des rengagemens, sera coupable d'abus d'autorité, et puni des peines portées dans l'article 185 du code pénal (1), sans préjudice des pei-

(1) Tout juge ou tribunal, tout administrateur ou autorité administrative, qui, sous quelque prétexte que ce soit, même du silence ou de l'obscurité de la loi, aura dénié de rendre la justice qu'il doit aux parties, après en avoir été requis, et qui aura persévéré dans son déni, après avertissement ou injonction de ses supérieurs, pourra être poursuivi, et sera puni d'une amende de deux cents francs au moins et de cinq cents francs au plus, et de l'interdiction de l'exercice des fonctions publiques depuis cinq ans jusqu'à vingt. (*Art.* 185 *du code pénal.*)

nes plus graves prononcées par ce code dans les autres cas qu'il a prévus.

45. Les médecins, chirurgiens ou officiers de santé qui, appelés au conseil de révision à l'effet de donner leur avis conformément à l'article 16, auront reçu des dons ou agréé des promesses pour être favorables aux jeunes gens qu'ils doivent examiner, seront punis d'un emprisonnement de deux mois à deux ans.

Cette peine leur sera appliquée, soit qu'au moment des dons ou promesses ils aient déjà été désignés pour assister au conseil, soit que les dons ou promesses aient été agréés dans la prévoyance des fonctions qu'ils auraient à y remplir.

Il leur est défendu, sous la même peine, de rien recevoir, même pour une réforme justement prononcée.

46. Dans tous les cas non prévus par les dispositions précédentes, les tribunaux civils et militaires, dans les limites de leur compétence, appliqueront les lois pénales ordinaires aux délits auxquels pourra donner lieu l'exécution du mode de recrutement déterminé par la présente loi.

Pour les délits militaires, les juges pourront user de la faculté énoncée en l'article 595 du code d'instruction criminelle (1).

Dans tous les cas où la peine d'emprisonnement est prononcée par la présente loi, les juges pourront, suivant les circonstances, user de la faculté exprimée dans l'article 463 du code pénal (2).

(1) La Cour, après la prononciation de l'arrêt, pourra, pour des motifs graves, recommander l'accusé à la commisération du roi. — Cette recommandation ne sera point insérée dans l'arrêt, mais dans un procès-verbal séparé, secret, motivé, dressé en la chambre du conseil, le ministère public entendu, et signé comme la minute de l'arrêt de condamnation. – Expédition dudit procès-verbal, ensemble de l'arrêt de condamnation, sera adressé de suite par le procureur général au ministre de la justice. (*Art.* 595 *du code d'instruction criminelle.*

(2) Dans tous les cas où la peine d'emprisonnement est portée par le présent code, si le préjudice causé n'excède pas vingt-cinq francs, et si les circonstances paraissent atténuantes, les tribunaux sont autorisés à réduire l'emprisonnement, même au-dessous de six jours, et l'amende, même au-dessous de seize francs. Ils pourront aussi prononcer séparément l'une ou l'autre de ces peines, sans qu'en aucun cas elle puisse être au-dessous des peines de simple police. (*Art.* 463 *du code pénal.*)

DISPOSITIONS PARTICULIÈRES.

47. Les jeunes gens appelés au service en exécution de la présente loi, recevront, dans le corps auquel ils seront attachés, et autant que le service militaire le permettra, l'instruction prescrite pour les écoles primaires.

48. Nul ne sera admis, avant l'âge de trente ans accomplis, à un emploi civil et militaire, s'il ne justifie qu'il a satisfait aux obligations imposées par la présente loi.

DISPOSITIONS TRANSITOIRES.

49. Le Français dont un frère est mort ou aura reçu des blessures qui le rendent incapable de servir dans l'armée, en combattant pour la liberté dans les journées de juillet 1830, jouira de l'exemption accordée par l'article 13, n° 7, de la présente loi, à celui dont le frère est mort en activité de service, ou a été admis à la retraite pour blessures reçues dans un service commandé.

50. Toutes les dispositions des lois et décrets antérieurs à la présente loi, relatives au recrutement de l'armée, sont et demeurent abrogées.

La présente loi, discutée, délibérée et adoptée par la chambre des pairs et par celle des députés, et sanctionnée par nous cejourd'hui, sera exécutée comme loi de l'état.

Donnons en mandement à nos cours et tribunaux, préfets, corps administratifs et tous autres, que les présentes ils gardent et maintiennent, fasse garder, observer et maintenir; et pour les rendre plus notoires à tous, ils les fassent publier et enregistrer partout où besoin sera; et, afin que ce soit chose ferme et stable à toujours, nous y avons fait mettre notre sceau.

Fait à Paris, au palais des Tuileries, le 21e jour du mois de mars l'an 1832.

Signé LOUIS-PHILIPPE.

Par le Roi :

Le ministre secrétaire d'état au département de la guerre,

Signé Maréchal Duc DE DALMATIE.

Vu et scellé du grand sceau :

Le Garde-des-sceaux de France, ministre secrétaire d'état au département de la justice,

Signé BARTHE.

ORDONNANCE DU ROI

SUR LES ENGAGEMENS VOLONTAIRES ET LES RENGAGEMENS.

Paris, le 28 avril 1832.

LOUIS-PHILIPPE, etc.

TITRE PREMIER.

DES ENGAGEMENS VOLONTAIRES.

Art. 1. Tout Français qui demandera à contracter un engagement volontaire pour servir dans l'armée de terre, devra, indépendamment des conditions exigées par l'article 32 de la loi, réunir les qualités suivantes :

— 1° Etre sain, robuste et bien constitué;

— 2° Ne pas être âgé de plus de trente ans révolus;

— 3° Avoir, selon l'arme à laquelle il se destine et le corps dans lequel il demande à entrer, au moins le minimun et au plus le maximun de taille fixé dans le tableau joint à la présente ordonnance;

— 4° Remplir l'une des conditions d'aptitude ou exercer l'une des professions indiquées au même tableau.

2. Les Français qui ont déjà servi seront, jusqu'à trente-cinq ans révolus, reçus à s'engager pour l'arme dont ils auront fait partie.

Passé l'âge de trente ans, ils ne seront admis dans une autre arme que s'ils exercent une profession utile à cette arme.

3. Les anciens militaires, âgés de plus de trente-cinq ans, ne pourront contracter d'engagement volontaire que pour les compagnies de vétérans, et ils n'y seront reçus que jusqu'à l'âge de quarante-cinq ans accomplis.

4. Tout Français, servant comme gagiste dans un corps de troupes françaises, et qui contractera un engagement volontaire conformément à la loi, sera reçu à compter, comme *temps de service militaire*, le temps qu'il aura passé sous les drapeaux en qualité de gagiste.

Le temps passé dans un corps comme gagiste avant l'âge de dix-huit ans accomplis, ne sera pas compté comme temps de service militaire. L'engagement volontaire des gagistes n'aura lieu que sur l'autorisation des inspecteurs généraux d'armes.

5. L'engagement volontaire sera tou-

jours contracté pour l'arme à laquelle l'engagé se destine.

6. Tout Français qui demandera à s'engager, devra faire constater qu'il a les qualités requises pour l'arme à laquelle il se destine. A cet effet, il se présentera devant le chef du corps dans lequel il desire prendre du service, ou devant l'officier du recrutement du département, ou l'officier de gendarmerie le plus voisin de sa résidence.

7. Après s'être assuré que l'engagé a la taille et les autres qualités requises par la présente ordonnance, pour le service militaire et l'arme à laquelle il se destine, l'officier fera constater en sa présence, par un docteur en médecine ou en chirurgie, et à défaut de l'un ou de l'autre, par un officier de santé employé pour les actes de l'état civil ou de la police judiciaire, ou attaché à un hospice civil ou militaire, si cet engagé n'a aucune infirmité apparente ou cachée, et s'il est d'une constitution saine et robuste.

8. Muni du certificat qui constate son acceptation par l'autorité militaire, le contractant se présentera devant le maire d'un chef-lieu de canton qui, seul, est appelé à dresser l'acte d'engagement.

Il justifiera de son âge par des pièces authentiques, et produira le certificat de bonnes vie et mœurs prescrit par l'article 10 de la loi.

9. Le maire constatera l'identité du contractant et lui fera déclarer, en présence des deux témoins exigés par l'article 37 du Code civil :

— 1° Qu'il n'est ni marié, ni veuf avec enfans;

— 2° Qu'il n'est lié au service de terre ou de mer, ni comme engagé volontaire ou rengagé, ni comme appelé ou substituant, ni comme remplaçant ou inscrit maritime.

Ladite déclaration sera insérée dans l'acte d'engagement.

10. Si l'engagé a déjà servi, il devra justifier qu'il est dégagé des obligations qui lui étaient imposées, en produisant le titre en vertu duquel il est rentré dans ses foyers, ou a été congédié ou licencié.

Les inscrits maritimes auront à présenter *un acte de déclassement*, signé par le commissaire de l'inscription maritime de leur quartier.

11. Les jeunes gens désignés par le sort pour faire partie du contingent de leur classe, ne seront reçus à s'engager que

jusqu'au jour de la clôture de la liste du contingent de leur canton.

12. La durée de l'engagement est fixée à sept ans, sauf le cas exceptionnel prévu à l'article 33 de la loi, et dont l'application sera réglée par une ordonnance royale.

La durée du service de l'engagé volontaire comptera du jour où il aura souscrit son acte d'engagement.

13. L'acte d'engagement volontaire sera conforme au modèle joint à la présente ordonnance.

14. Avant la signature de l'acte, le maire du chef-lieu de canton donnera lecture à l'engagé :

— 1° Des articles 2, 31, 32, 33 et 34 de la loi du 21 mars 1832, relatifs aux engagemens volontaires;

— 2° Des articles 16 et 17 de la présente ordonnance, concernant les engagés volontaires trouvés hors de la route qui leur a été tracée, et ceux qui ne se rendent pas à leur destination dans les délais prescrits;

— 3° De l'acte de l'engagement contracté.

Les certificats et autres pièces produites par l'engagé volontaire, resteront annexés à la minute de l'acte.

15. Tout engagé volontaire recevra im-

médiatement après la signature de son engagement, une expédition de cet acte et un ordre de route pour se rendre à son corps par la voie la plus directe.

16. Lorsqu'un engagé volontaire sera trouvé par la gendarmerie hors de la route qui lui aura été tracée, il devra être conduit devant le commandant de la gendarmerie de l'arrondissement qui, suivant l'examen des motifs, le fera remettre sur le chemin qu'il devait suivre, ou conduire, de brigade en brigade, à son corps.

17. Si un mois après le jour où l'engagé volontaire aura dû arriver au corps, il ne s'y est pas rendu, et si le chef du corps n'a point été informé de son entrée à l'hôpital ou de son décès en route, l'engagé volontaire sera poursuivi comme insoumis, et puni conformément à l'article 39 de la loi du 21 mars 1832, d'un emprisonnement qui ne pourra être moindre d'un mois, ni excéder une année.

Tout engagé volontaire qui prétendrait que l'acte qui le lie au service militaire est illégal ou irrégulier, devra adresser sa réclamation au préfet du département où l'acte a été contracté, ou, s'il se trouve sous les drapeaux, au lieutenant-général commandant la division.

Les lieutenans-généraux et les préfets transmettront les demandes en annulation d'acte d'engagement volontaire à notre ministre secrétaire d'état de la guerre qui statuera, s'il y a lieu, ou renverra la contestation devant les tribunaux.

19. L'engagé volontaire reconnu impropre au service de l'arme dont il a fait choix, ne sera contraint de servir dans une autre arme que s'il fait partie du contingent de sa classe et si son numéro du tirage a été appelé à l'activité.

20. Les douze arrondissemens de la ville de Paris étant considérés comme cantons, les maires de ces arrondissemens pourront recevoir les actes d'engagement volontaire.

TITRE II.

DES RENGAGEMENS.

21. Les rengagemens seront contractés pour deux, trois, quatre ou cinq ans.

Tout militaire qui voudra se rengager devra réunir les conditions suivantes :

— 1° Etre dans le cours de sa dernière année de service.

— 2° Etre sain, robuste et en état de faire encore un bon service ;

— 3° N'avoir pas cinquante ans d'âge ou trente ans de service accomplis.

22. Tout militaire devra, pour être reçu à se rengager, adresser sa demande, soit au chef du corps auquel il appartient, soit au chef du corps dans lequel il a l'intention de continuer à servir.

Si sa demande est accueillie, il lui sera délivré une attestation portant :

— 1° Qu'il réunit les qualités requises pour faire un bon service;

— 2° Qu'il a toujours tenu une bonne conduite pendant son séjour au corps;

— 3° Qu'il peut rester ou être admis dans le corps pour lequel il se présente.

23. Muni de cette attestation, le militaire se présentera devant le sous-intendant militaire pour contracter l'acte de rengagement.

24. Les rengagemens seront contractés pour l'arme à laquelle le militaire se destine et dans les formes prescrites par l'article 34 de la loi.

L'acte de rengagement sera conforme au modèle annexé à la présente ordonnance.

25. Le militaire en congé temporaire dans ses foyers pourra être admis à contracter un rengagement devant le sous-intendant militaire de son département, s'il produit :

— 1° Un certificat d'aptitude délivré par l'officier de recrutement, portant que le militaire réunit les qualités requises pour faire un bon service ;

— 2° Un certificat du chef de son corps, constatant qu'il y a toujours tenu une bonne conduite ;

Si le militaire est absent de son corps depuis plus de trois mois, il sera tenu de produire en outre un certificat pareil du maire de sa commune.

— 3° Un certificat du chef du corps dans lequel il demande à entrer, constatant qu'il peut y être admis.

26. Le militaire en congé temporaire dans ses foyers, et qui aura contracté un rengagement, sera immédiatement mis en route pour le corps dans lequel il aura demandé à continuer à servir.

26. Quelle que soit la date du rengagement, le nouveau service auquel s'obligera le rengagé, ne comptera qu'à partir du jour où aura cessé le service auquel le militaire était tenu précédemment

28. Tout militaire auquel il aura été délivré un congé définitif du service actif, ne sera plus admis à se rengager. Il ne pourra rentrer dans les rangs de l'armée qu'en contractant un acte d'engagement

volontaire, conformément à la loi et au titre 1er de la présente ordonnance.

29. Aux termes de l'article 36 de la loi, les rengagemens ne pouvant être reçus que pendant le cours de la dernière année de service due par le contractant, la haute-paie journalière à laquelle ce même article donne droit, ne sera allouée aux militaires qu'à l'expiration de cette dernière année, quel que soit le titre en vertu duquel ils sont liés au service (1).

30. La haute-paie journalière à laquelle ont droit les rengagés de toutes armes, est réglée ainsi qu'il suit :

(1) *Voir ci-après la circulaire du 5 juillet* 1832.

	INFANTERIE. Sous-officiers et fusiliers vétérans.	AUTRES ARMES.
Haute-paie du premier chevron.	f. c.	f. c.
Sous-officiers et soldats ayant plus de sept ans de service et moins de onze. .	0 08	0 12
Haute-paie de deux chevrons.		
Sous-officiers et soldats ayant plus de onze ans de service et moins de quinze.	0 10	0 15
Haute-paie de trois chevrons.		
Sous-officiers et soldats ayant plus de quinze ans de service.	0 10	0 15

31. Toutes les dispositions des ordonnances antérieures, contraires à la présente ordonnance, sont abrogées.

32. Notre ministre secrétaire d'état au département de la guerre est chargé de

l'exécution de la présente ordonnance, qui sera insérée au *Bulletin des lois*.

Signé LOUIS-PHILIPPE.

Par le Roi :

Le ministre secrétaire d'état de la guerre,

Signé Maréchal Duc de Dalmatie.

CIRCULAIRE

DU MINISTRE DE LA GUERRE, DU 5 JUILLET 1832.

Messieurs, l'article 29 de l'ordonnance du 28 avril dernier sur les engagemens, porte :

Aux termes de l'article 36 de la loi (celle du 21 mars 1832) les rengagemens ne pouvant être reçus que pendant le cours de la dernière année de service due par le contractant, la haute-paie journalière à laquelle ce même article donne droit, ne sera allouée aux militaires qu'à l'expiration de cette dernière année, quel que soit le titre en vertu duquel ils sont liés au service.

Il résulte de cette disposition que, bien que la haute-paie du premier chevron soit maintenant accordée à sept ans révolus de service, l'homme appelé ou engagé sous l'empire de la loi du 9 juin 1824, qui exigeait huit ans de service, n'y aura droit, s'il se rengage, qu'à l'expiration de sa huitième année, qui est la dernière de son service obligé.

Mais on m'a soumis la question de savoir si le même principe doit être observé relativement à la haute-paie de deux chevrons; si par exemple un militaire ayant servi huit ans, et qui a contracté un rengagement de quatre ans, sera tenu d'attendre la fin de sa douzième année de service pour obtenir l'allocation de cette haute-paie.

Tel n'est point le vœu de la loi. Ce qu'elle a voulu, c'est que la jouissance de la haute-paie ne pût commencer qu'au moment où cesse le service obligé, et où ce service se prolonge par l'effet d'un rengagement. Il s'ensuit dono qu'une fois cette première condition remplie, il y a droit acquis, et que la haute-paie de deux ou trois chevrons est due dès l'expiration de la onzième ou de la quinzième année de service, conformément au nouveau tarif. C'est ainsi que j'ai résolu la question, par décision du 2 de ce mois.

J'ai en même temps statué, d'après l'esprit de la législation, que les anciens militaires rentrés ou qui rentreront au service par engagement volontaire dans les corps de la ligne ou dans les vétérans de l'artillerie et du génie, conserveront le droit de faire compter leurs services antérieurs pour l'obtention de la haute-paie. En conséquence, cette haute-paie leur sera immédiatement allouée en raison de la durée effective de ces mêmes services et suivant les dispositions de l'article 132 de l'ordonnance du 19 mars 1823.

J'ai également arrêté, en modifiant sur ce point ma précédente décision du 26 septembre 1831, que les sous-officiers et soldats de la légion étrangère qui ont servi dans les régimens Suisses capitulés, ou dans l'ex-régiment de Hohenlohe, lorsque ces corps étaient à la solde de la France, pourront aussi faire compter ces services pour la haute-paie.

Je vous préviens enfin que j'ai fixé au 16 mai dernier l'époque à partir de laquelle le nouveau tarif de haute-paie consacré par l'article 30 de l'ordonnance du 28 avril, recevra son exécution.

(*Journal militaire*, 1832, n° 27.)

AVANCEMENT DANS L'ARMÉE.

Loi du 14 avril 1832.

LOUIS-PHILIPPE, etc.

Art. 1. Nul ne pourra être caporal ou brigadier, s'il n'a servi activement au moins six mois comme soldat, dans un des corps de l'armée.

2. Nul ne pourra être sous-officier, s'il n'a servi activement au moins six mois comme caporal ou brigadier.

3. Nul ne pourra être sous-lieutenant,

— 1° S'il n'est âgé au moins de dix-huit ans ;

— 2° S'il n'a servi au moins deux ans comme sous-officier dans un des corps de l'armée, ou s'il n'a été pendant deux ans élève des Écoles militaires ou polytechnique, et s'il n'a satisfait aux examens de sortie desdites écoles.

4. Tous les militaires de l'armée seront reçus jusqu'à vingt-cinq ans à subir les examens pour l'École polytechnique.

5. Nul ne pourra être lieutenant, s'il n'a servi au moins deux ans dans le grade de sous-lieutenant.

6. Nul ne pourra être capitaine, s'il n'a

servi au moins deux ans dans le grade de lieutenant.

7. Nul ne pourra être chef de bataillon, chef d'escadron ou major, s'il n'a servi au moins quatre ans dans le grade de capitaine.

8. Nul ne pourra être lieutenant-colonel, s'il n'a servi au moins trois ans dans le grade de chef de bataillon, de chef d'escadron, ou de major.

9. Nul ne pourra être colonel, s'il n'a servi au moins deux ans dans le grade de lieutenant-colonel.

10. Nul ne pourra être promu à un des grades supérieurs à celui de colonel, s'il n'a servi au moins trois ans dans le grade immédiatement inférieur.

11. Un tiers des grades de sous-lieutenant vacans dans les corps de troupes de l'armée sera donné aux sous-officiers des corps où aura lieu la vacance.

12. Les deux tiers des grades de lieutenant et de capitaine seront donnés à l'ancienneté de grade, savoir :

Dans l'infanterie et la cavalerie, parmi les officiers de chaque régiment ;

Dans le corps d'état-major, sur la totalité des officiers du corps ;

Et dans l'artillerie et le génie, parmi les officiers susceptibles de concourir entre eux.

13. La moitié des grades de chef de bataillon et de chef d'escadron sera donnée à l'ancienneté de grade, savoir :

Dans l'infanterie, la cavalerie et le corps d'état-major, aux capitaines sur la totalité de chaque arme ;

Dans l'artillerie et le génie, aux capitaines susceptibles de concourir entre eux.

Les emplois de major seront au choix du roi.

14. Tous les grades supérieurs à celui de chef de bataillon, chef d'escadron ou major, seront au choix du roi.

15. L'ancienneté pour l'avancement sera déterminée par la date du brevet du grade, ou, à date semblable, par celle du brevet du grade inférieur.

16. Lorsqu'un officier cessera de faire partie des cadres de l'armée dans tous les autres cas que ceux de mission pour service, de licenciement ou de suppression d'emploi, le temps qu'il aura passé hors des cadres, sera déduit de l'ancienneté.

Sera aussi déduit de l'ancienneté, le temps passé dans un service étranger au département de la guerre. Est excepté de cette disposition, le temps passé pour le service détaché dans la garde nationale, dans la marine, ou dans une mission diplomatique.

Sera déduit dans tous les cas le temps passé au service d'une puissance étrangère.

Les officiers qui cesseront de faire partie des cadres de l'armée par suite de suppression d'emploi ou de licenciement, seront répartis, pour l'avancement, entre les différens corps de l'arme à laquelle ils appartiennent, et qui seront conservés ou créés.

17. Les officiers prisonniers de guerre conserveront leurs droits d'ancienneté pour l'avancement; cependant ils ne pourront obtenir que le grade immédiatement supérieur à celui qu'ils avaient au moment où ils ont été faits prisonniers.

18. Le temps de service exigé pour passer d'un grade à un autre pourra être réduit de moitié à la guerre ou dans les colonies.

19. Il ne pourra être dérogé aux conditions de temps imposées par l'article précédent pour passer d'un grade à un autre, si ce n'est,

— 1° Pour action d'éclat duement justifiée et mise à l'ordre du jour de l'armée;

— 2° Lorsqu'il ne sera pas possible de pourvoir autrement au remplacement des vacances dans les corps en présence de l'ennemi.

20. En temps de guerre, et dans les

corps qui seront en présence de l'ennemi, seront données, savoir :

A l'ancienneté, la moitié des grades de lieutenant et de capitaine.

Au choix du roi, la totalité des grades de chef de bataillon et de chef d'escadron.

21. Il ne pourra, dans aucun cas, être nommé à un grade sans emploi ou hors des cadres des états-majors, ni être accordé des grades honoraires.

Il ne pourra également, dans aucun cas, être donné un rang supérieur à celui de l'emploi.

22. Toutes les promotions d'officiers seront immédiatement rendues publiques par insertion au *Journal militaire officiel*, avec l'indication du tour de l'avancement, du nom de l'officier qui était pourvu de l'emploi devenu vacant, et de la cause de la vacance.

23. Nul officier admis à la retraite ne pourra être replacé dans les cadres de l'armée.

24. L'emploi est distinct du grade.

Aucun officier ne pourra être privé de son grade que dans les cas et suivant les formes déterminées par la loi.

25. Toutes les dispositions de la présente loi sont applicables aux troupes d'artillerie et d'infanterie de la marine.

26. Toutes les dispositions contraires à la présente loi sont abrogées.

La présente loi, discutée, délibérée et adoptée par la chambre des pairs et par celle des députés, et sanctionnée par nous cejourd'hui, sera exécutée comme loi de l'état.

Donnons en mandement à nos cours et tribunaux, préfets, corps administratifs et tous autres, que les présentes ils gardent et maintiennent, fassent garder, observer et maintenir; et, pour les rendre plus notoires à tous, ils les fassent publier et enregistrer partout où besoin sera; et, afin que ce soit chose ferme et stable à toujours, nous y avons fait mettre notre sceau.

Fait à Paris, au palais des Tuileries, le 14e jour du mois d'avril 1832.

Signé LOUIS-PHILIPPE.

Par le Roi :

Le ministre secrétaire d'état au département de la guerre,

Signé Maréchal Duc DE DALMATIE.

Vu et scellé du grand sceau ·

Le Garde-des-sceaux de France, ministre secrétaire d'état au département de la justice,

Signé BARTHE.

DÉCISION MINISTÉRIELLE

Relative à l'admission des fusiliers ou chasseurs dans les compagnies d'élite.

Du 24 mai 1832.

La loi du 14 avril 1832 sur l'avancement n'exige que six mois de service pour obtenir le grade de caporal, tandis que l'article 268 de l'ordonnance du 13 mai 1818, veut qu'un fusilier ou chasseur ait accompli une année de service pour être admis dans une compagnie d'élite.

Considérant que ces dernières dispositions doivent être mises en harmonie avec celles de la nouvelle loi, le ministre secrétaire d'état de la guerre a décidé que les chefs de corps pourront, en attendant l'ordonnance à intervenir sur le service intérieur, faire admettre au besoin, *en temps de paix*, dans les compagnies de grenadiers (ou carabiniers) et voltigeurs, des fusiliers ou chasseurs ayant au moins six mois de service, pourvu d'ailleurs qu'ils remplissent les autres conditions exigées par l'ordonnance du 13 mai 1818, et notamment celle d'être de la première classe d'instruction.

CHAPITRE PREMIER.

§ Ier.

Inscription sur les tableaux de recensement.— Tirage au sort.

N° 1. Chaque année, dans les premiers jours de janvier, les maires sont tenus d'inscrire sur les tableaux de recensement les jeunes gens qui ont accompli leur vingtième année avant le 1er du mois.

Cette inscription a lieu,

2. — 1° Sur la déclaration à laquelle sont tenus les jeunes gens, leurs parens ou tuteurs;

3. — 2° A défaut de déclaration, d'après les registres de l'état civil et tous autres documens et renseignemens. (*Art.* 8 *de la loi du* 21 *mars* 1832.)

4. Il est de l'intérêt des jeunes gens de se faire inscrire pour éviter l'omission; car en admettant qu'ils parviennent à se soustraire un an, deux ans et même plus aux

obligations qui leur sont imposées, il peut, il doit même arriver telle circonstance qui les mette dans la nécessité de se faire inscrire comme omis. Ainsi, par exemple, un mariage ne peut avoir lieu, un passe-port pour voyager soit à l'intérieur, soit à l'étranger, un emploi du gouvernement ne peuvent s'obtenir, sans justifier que l'on a satisfait à la loi. D'un autre côté, les jeunes gens omis peuvent être découverts par l'autorité ou dénoncés par un tiers. Qu'arrive-t-il alors à celui qui a été omis? D'abord il peut être déféré aux tribunaux comme prévenu d'omission volontaire, et condamné correctionnellement (*Art.* 38 *de la loi*); ou au moins il doit concourir avec la classe suivante et conséquemment n'être libéré du service que 2, 3 ou 4 ans plus tard, selon que son omission a été découverte 2, 3 ou 4 ans après l'année dans laquelle il aurait dû satisfaire à la loi. (*Art.* 9.)

5. Les familles concevront donc aisément qu'il est dans leur intérêt de faire inscrire leurs enfans dès qu'ils ont atteint l'âge qui les appelle au tirage.

6. L'inscription doit être faite dans la commune où les jeunes gens ont leur domicile légal. (*Art.* 5.) A cet égard, il convient de se reporter aux dispositions de

l'article 6 de la loi, et aux articles 102, 103, 104, 105, 106, 107, 108, 109 et 74 du code civil (1).

(1) Le domicile de tout Français, quant à l'exercice de ses droits civils, est au lieu où il a son principal établissement. (*Art.* 102 *du code civil.*)

Le changement de domicile s'opérera par le fait d'une habitation réelle dans un autre lieu, joint à l'intention d'y fixer son principal établissement. (*Art.* 103 *idem.*)

La preuve de l'intention résultera d'une déclaration expresse, faite tant à la municipalité du lieu qu'on quittera qu'à celle du lieu où on aura transféré son domicile. (*Art.* 104 *idem.*)

A défaut de déclaration expresse, la preuve de l'intention dépendra des circonstances. (*Art.* 105 *idem.*)

Le citoyen appelé à une fonction publique temporaire ou révocable, conservera le domicile qu'il avait auparavant, s'il n'a pas manifesté d'intention contraire. (*Art.* 106 *idem.*)

L'acceptation de fonctions conférées à vie emportera translation immédiate du domicile du fonctionnaire dans le lieu où il doit exercer ces fonctions. (*Art.* 107 *idem.*)

La femme mariée n'a point d'autre domicile que celui de son mari. Le mineur non émancipé aura son domicile chez ses père et mère ou tuteur; le majeur interdit aura le sien chez son curateur. (*Art.* 108 *idem.*)

Les majeurs qui servent ou travaillent habituellement chez autrui, auront le même domicile que

Les dispositions relatives à l'inscription sur les tableaux de recensement sont d'autant plus importantes à observer qu'il peut arriver que le même individu soit inscrit dans plusieurs cantons ; ainsi par exemple, celui de sa naissance, celui de son domicile ou celui de sa résidence (car il faut bien remarquer que le lieu de la résidence n'est pas toujours celui du domicile légal); il peut arriver que dans l'un de ces cantons, un jeune homme soit libéré par son numéro de tirage, et que, dans l'autre, il soit compris dans le contingent. De là une foule de désagrémens qu'il aurait pu éviter en faisant prévenir le maire de la commune dans laquelle il est né, de son inscription légale sur les tableaux de recensement de la commune dans laquelle il est domicilié.

8. Les fils des étrangers non naturalisés ne sont point soumis aux obligations du recrutement, à moins que, dans l'année

la personne qu'ils servent ou chez laquelle ils travaillent, lorsqu'ils demeureront avec elle dans la même maison. (*Art.* 109 *idem.*)

Le mariage sera célébré dans la commune où l'un des deux époux aura son domicile. Ce domicile, quant au mariage, s'établira par six mois d'habitation continue dans la même commune. (*Art.* 74 *idem.*)

qui suit leur majorité, ils n'aient déclaré, devant le maire de leur commune, l'intention de fixer leur domicile en France; circonstance qui suffit pour leur conférer définitivement et irrévocablement la qualité de Français.

9. Les jeunes gens qui auraient à réclamer contre leur inscription sur les tableaux de recensement, devront le faire avant le tirage, en justifiant, par pièces authentiques, des motifs sur lesquels ils se fondent pour obtenir leur radiation.

10. Dans le cas où ils négligeraient de faire cette réclamation et cette justification avant le tirage, ils seront tenus de suivre la chance du numéro qu'ils auront obtenu. (*Art. 12 de la loi.*)

11. Les sous-préfets étant tenus de compter publiquement les numéros déposés dans l'urne, afin de s'assurer que ce nombre est égal à celui des jeunes gens appelés à concourir au tirage, il importe que les jeunes gens ou leurs parens assistent à cette opération. Il est arrivé quelquefois que le nombre des numéros déposés dans l'urne a été ou supérieur ou inférieur au nombre des jeunes gens inscrits, et comme de pareilles erreurs lèsent toujours les intérêts de la population, il faut, par

tous les moyens possibles, en prévenir le retour. En effet, la loi ne permettant pas que le tirage soit renouvelé, celui qui a eu lieu devient définitif, et si le nombre des bulletins a été inférieur au nombre des jeunes gens appelés, ceux pour lesquels il ne resterait pas de numéros, seraient renvoyés à l'année suivante, ce qui retarderait d'autant l'époque de leur libération. (*Art.* 12.)

§ II.

COMPARUTION DES JEUNES GENS DEVANT LE CONSEIL DE RÉVISION.

12. Les jeunes gens qui, par leur numéro de tirage, sont susceptibles d'être appelés devant le conseil de révision pour former le contingent, doivent, s'ils ont des motifs d'exemption à présenter autres que des infirmités ou le défaut de taille, faire à l'avance les démarches nécessaires pour être munis de toutes les pièces justificatives de leurs droits, au jour où ils paraissent devant le conseil de révision.

13. Les ordres de convocation rappelleront les pièces que chacun aura à produire.

§ III.

EXEMPTIONS.

13. Les jeunes gens qui, ayant droit à l'exemption pour défaut de taille, croiraient avoir également droit à être exemptés pour infirmités, devront, dans l'intérêt de leur famille, réclamer l'exemption pour ce dernier motif, attendu que cette exemption n'entraîne pas la déduction spécifiée à l'avant-dernier paragraphe de l'article 13 de la loi, dont il sera parlé plus bas.

15. L'exemption est acquise à l'aîné d'orphelins de père et de mère.

16. Lorsqu'une famille d'orphelins d'un même père sera composée d'enfans issus de mères différentes, l'aîné du premier lit aura droit à l'exemption, comme aîné d'orphelins, si toutefois il existe des frères et sœurs du même lit moins âgés que lui, et quand bien même la seconde femme de son père serait encore vivante.

17. Celui qui réclamera l'exemption comme aîné d'orphelins, ne pourra pas en être privé par le motif qu'il a des sœurs plus âgées que lui.

18. Cependant s'il n'a ni frère ni sœur au-dessous de son âge, il n'aura pas droit à l'exemption.

19. On ne peut également exempter un orphelin qui est enfant unique.

20. On ne peut regarder comme aîné d'orphelins celui dont les frères du côté paternel ont encore leur mère, et qui se trouve seul enfant du premier lit.

21. L'aîné d'orphelins doit être exempté, quand même il n'aurait qu'un frère ou qu'une sœur moins âgée que lui.

22. Il a également droit à l'exemption, quand bien même sa sœur ou ses sœurs plus jeunes que lui seraient mariées.

23. Si l'aîné d'orphelins est aveugle ou impotent, l'exemption est acquise au frère puîné, ou cadet.

24. Le fils unique ou l'aîné des fils, ou, à défaut de fils ou de gendre, le petit-fils unique ou l'aîné des petits-fils d'une femme actuellement veuve ou d'un père aveugle ou entré dans sa soixante-dixième année, a droit à l'exemption.

25. Cette exemption sera acquise au frère puîné, si l'aîné est aveugle ou atteint de toute autre infirmité qui le rende impotent.

26. Une femme présumée veuve, ou

dont le mari serait condamné à une détention perpétuelle et mort civilement, ne confère pas le droit d'exemption à son fils unique ou aîné.

27. L'existence d'une ou de plusieurs sœurs ne privera pas du droit à l'exemption celui qui la réclamera pour les motifs spécifiés aux articles 24 et 25 qui précèdent.

28. Dans une famille composée d'enfans issus d'un même père décédé et de mères différentes, l'aîné des enfans du premier lit a droit à l'exemption comme aîné d'orphelins, ainsi que cela a été dit au n° 16; mais cette exemption ne peut priver l'aîné des enfans du second lit de l'exemption à laquelle il a droit comme fils aîné de femme veuve.

29. Lorsque deux frères concourront au même tirage et seront tous deux susceptibles par leurs numéros, de faire partie du contingent, l'aîné sera exempté, si son frère cadet est reconnu propre au service.

30. Cette exemption ne sera pas acquise, si le frère puîné se trouve lui-même dans un cas d'exemption, ou s'il est dans un des cas d'exclusion prévus par l'article 2 de la loi.

31. Le plus âgé de deux frères concourant au même tirage, est exempté, lors

même que dans la famille il y aurait eu un frère aîné admis à l'exemption.

32. Lorsque deux jumeaux concourront au même tirage, l'exemption sera acquise à celui qui sera désigné dans les actes de naissance comme ayant vu le jour le premier. Si les actes de naissance n'établissent pas ce rapport, on accordera l'exemption à celui qui ayant le numéro le plus élevé, est fondé à se prévaloir de l'appel déjà fait du numéro de son frère.

33. Si l'un des deux frères ayant concouru au même tirage, et désignés tous deux pour le contingent, se fait remplacer, l'autre frère n'a pas droit à l'exemption.

34. Cependant si l'exemption avait été accordée avant que le remplaçant eût été admis, elle ne pourrait plus être retirée.

35. Lorsque deux frères appartenant à la même classe, réclameront l'exemption en vertu des paragraphes numérotés 6 et 7 de la loi, cette exemption appartiendra à celui des deux qui ayant le numéro de tirage le moins élevé, devrait partir le premier.

36. La loi du 21 mars 1832, accorde l'exemption à celui dont un frère sera sous les drapeaux à tout autre titre que pour remplacement, c'est-à-dire que tout

homme qui sert comme remplaçant, ne peut plus conférer l'exemption à son frère, quelle que soit l'époque à laquelle ce remplacement a été effectué. (*Voir le tableau sous le n° 1, à la fin de l'ouvrage.*)

37. Il importe que la population se pénètre bien de cette nouvelle disposition que ne prescrivait pas la loi du 10 mars 1818, afin de ne pas compter sur un droit qui n'existe plus aujourd'hui.

38. L'exemption est également acquise au frère d'un militaire mort en activité de service, ou réformé ou admis à la retraite pour blessures reçues dans un service commandé ou pour infirmités contractées dans les armées de terre ou de mer.

39. Dans ce cas, l'exception dont il est parlé au n° 36 qui précède, relative au frère du remplaçant qui est sous les drapeaux, n'a pas lieu pour les frères des remplaçans, lorsque ceux-ci sont morts en activité de service ou ont été réformés ou admis à la retraite pour blessures ou infirmités. Le droit est commun pour tous les frères des militaires placés dans l'une de ces catégories.

40. Toutefois il importe de bien se pénétrer du sens qui doit être attribué à ces mots : *morts en activité de service*. Ainsi tout mili-

taire, qui n'est pas employé activement, qui se trouve en congé temporaire, envoyé ou laissé dans ses foyers avec permission ou autorisation, s'il vient à décéder, ne meurt point *en activité de service*, et ne confère pas par conséquent le droit d'exemption à son frère. (*Voir le tableau placé sous le n° 1 bis à la fin de l'ouvrage.*)

41. Il n'y a que les militaires porteurs d'un *congé de réforme* proprement dit, qui puissent procurer l'exemption à leurs frères, attendu que ces sortes de congés sont les seuls qui soient délivrés pour blessures reçues dans un service commandé ou pour infirmités contractées dans les armées de terre et de mer, ainsi que le veut le paragraphe 7 de l'article 13 de la loi.

42. Il ne faut pas confondre les *congés de réforme* avec les *congés de renvoi*. Ces derniers sont donnés pour des blessures reçues hors du service ou pour des infirmités contractées avant l'incorporation; ils ne confèrent pas le droit à l'exemption.

43. Lorsque plusieurs frères sont en activité de service, l'exemption est acquise à autant d'autres frères de la même famille.

44. La même règle doit être suivie lorsque les frères sont morts en activité de service ou ont été réformés pour blessures

reçues ou pour infirmités contractées au service.

45. Le jeune homme lié au service en vertu d'un engagement de deux ans, conformément à l'article 33 de la loi, ne peut, pour ce fait, conférer l'exemption à l'un de ses frères.

46. Les exemptions antérieurement accordées dans une famille à tout autre titre que pour infimités, entrent en déduction de celles réclamées par les jeunes gens appelés devant les conseils de révision.

Quelques exemples serviront à rendre cette disposition claire et intelligible pour tous.

Supposons d'abord une famille de trois frères.

47. Le premier a été exempté soit pour défaut de taille, soit comme aîné d'orphelins, soit comme aîné de femme veuve.

48. Le second frère est sous les drapeaux.

49. Le troisième n'a pas droit à être exempté, attendu que l'exemption accordée à l'aîné doit entrer en déduction.

50. Il n'en serait pas de même si l'aîné avait été libéré par son numéro de tirage, parce que, dans ce cas aucune exemption n'ayant été accordée dans la famille, il n'y

aurait lieu à faire aucune déduction, et alors le troisième frère aurait droit à être exempté.

AUTRE EXEMPLE. FAMILLE DE QUATRE FRÈRES.

51. L'aîné a été exempté pour infirmités;

Le second est sous les drapeaux;

Le troisième a droit à être exempté, attendu que l'exemption pour infirmités prononcée en faveur de l'aîné, ne doit pas être déduite;

Le quatrième est tenu de marcher.

52. S'il y en avait un cinquième, il aurait droit à l'exemption.

FAMILLE DE CINQ FRÈRES.

53. Le premier a été exempté comme aîné d'orphelins;

Le second l'a été pour défaut de taille;

Le troisième est sous les drapeaux;

Les quatrième et cinquième doivent marcher tous deux, parce que les exemptions accordées aux deux aînés sont représentatives de celles que les deux derniers pourraient réclamer.

54. Ces trois exemples suffiront pour faire comprendre que chaque exemption obtenue dans une même famille, à tout autre titre que pour infirmités, annulle un droit à l'exemption accordée conformément aux nos 6 et 7 de l'article 13 de la loi.

55. Toutefois la déduction ne peut avoir lieu qu'autant que les frères qui auraient obtenu antérieurement l'exemption, seraient encore vivans; car dans le cas où ils seraient décédés, la déduction ne pourrait pas être faite.

56. Le dernier paragraphe de l'article 13 de la loi contient une disposition qui prive les omis des droits qu'ils auraient acquis postérieurement à la clôture de la liste du contingent cantonnal de la classe dont ils auraient dû faire partie, d'après leur âge.

57. Ainsi un jeune homme porté sur les tableaux de recensement de l'année 1833, et qui, par son âge, aurait dû faire partie de la classe de 1827, ne pourra réclamer le bénéfice des exemptions indiquées aux paragraphes notés 3, 4, 5, 6 et 7 de l'article 13, si les causes de ces exemptions sont survenues postérieurement à la clôture de la liste cantonnale pour la classe de 1827.

58. La loi applique cette exception à tous les omis indistinctement, et non pas seulement à ceux qui auraient été condamnés en vertu de l'article 38.

59. Cette considération doit être ajoutée à celles déjà présentées au n° 4, pour faire connaître aux familles et aux jeunes gens combien il importe de faire avec exactitude la déclaration prescrite par l'article 8 de la loi.

60. L'exemption est également acquise au frère d'un Français mort en combattant pour la liberté dans les journées de juillet 1830, ou qui aurait reçu des blessures qui le rendraient incapable de servir dans l'armée. Dans ce cas, la déduction dont il a été parlé au n° 46 n'aura jamais lieu.

§ IV.

DISPENSES. (*Art. 14 de la loi.*)

61. La déduction dont parle l'article 14 de la loi du 21 mars 1832 n'est autre chose que la dispense conditionnelle qui était consacrée par l'article 15 de la loi du 10 mars 1818.

62. Les jeunes gens qui seraient sous les drapeaux comme engagés volontaires, au

moment des opérations de la classe à laquelle ils appartiennent, devront être déduits du contingent, ou, pour se servir de l'expression plus familière à la population, ils seront dispensés conditionnellement.

63. L'engagé volontaire qui aurait été renvoyé du corps comme impropre au service, avant les opérations de sa classe, n'est point par ce fait dégagé de ses obligations comme jeune soldat. Il doit être examiné par le conseil de révision, et, si son inaptitude est reconnue, il est exempté, mais non dispensé.

64. Dans le cas, au contraire, où il serait trouvé bon pour le service, il devrait suivre la chance de son numéro de tirage; mais le temps qu'il aurait passé antérieurement sous les drapeaux serait déduit de celui auquel il serait astreint par la loi.

65. L'engagé volontaire qui s'est fait remplacer au corps et dont le remplaçant est en activité de service, a droit à la dispense.

66. Ce droit existe pour l'engagé volontaire, lors même que son remplaçant serait en état de désertion, attendu que ce serait comme engagé volontaire et non comme appelé qu'il serait tenu de marcher ou de fournir un autre remplaçant.

67. Un officier qui aurait été dispensé, est tenu, s'il vient à donner sa démission, de compléter le temps de service qui lui est imposé par la loi, ou de fournir un remplaçant.

68. Les élèves de l'école polytechnique jouissent également de la dispense; mais s'ils quittent l'école avant l'époque fixée pour la libération de leur classe, sans être admis dans un des services publics, ils doivent compléter sous les drapeaux le temps de service imposé par la loi. (*Interprétation de l'article* 14.)

69. Le paragraphe de l'article 14 de la loi, relatif à la dispense accordée aux membres de l'instruction publique, exige quelques explications dont devront bien se pénétrer les jeunes gens ou parens des jeunes gens placés dans cette catégorie.

70. La loi n'accordant la dispense qu'aux membres de l'instruction publique, il n'y a pas lieu d'admettre au bénéfice de cette dispense les chefs, professeurs et maîtres des maisons particulières consacrées à l'éducation. Ceux-ci n'ont pas contracté devant le conseil de l'Université l'engagement de se vouer à la carrière de l'enseignement; ils ne sont donc pas dans les termes de la loi.

ÉPOQUE A LAQUELLE L'ENGAGEMENT DOIT ÊTRE CONTRACTÉ.

71. Le jeune homme qui veut se vouer à la carrière de l'enseignement, doit toujours avoir souscrit son engagement avant l'époque fixée par l'ordonnance royale pour le tirage au sort.

72. Cet engagement, visé par le recteur de l'académie du ressort, doit être transmis par lui de manière à ce qu'il soit parvenu au conseil de l'Université avant ladite époque fixée pour le tirage.

73. Il n'est pas indispensable que la date de l'acceptation de l'engagement par le conseil de l'Université soit antérieure à l'époque fixée par l'ordonnance royale pour le tirage au sort : il suffit seulement que cette acceptation ait été consentie à une époque antérieure au jour où le conseil de révision est appelé à prendre une décision définitive sur le jeune homme qui réclame la dispense.

74. La pièce portant acceptation de l'engagement délivré par le conseil de l'Université, devra seulement constater que l'engagement a été présenté à ce conseil antérieurement à l'époque fixée pour le tirage au sort.

75. Les diverses formalités qui viennent d'être énumérées devront être remplies avec une extrême exactitude, afin que les jeunes gens qui se vouent à l'enseignement ne soient pas exposés à être privés du bénéfice de la dispense.

76. La loi accorde également la dispense aux élèves de l'Ecole normale de Paris; mais elle n'étend pas cette disposition aux élèves des écoles normales des départemens; en conséquence ces derniers ne seraient en droit de réclamer la dispense qu'autant qu'ils auraient contracté un engagement devant le conseil de l'Université, le seul titre d'élève d'une école normale ne conférant pas ce droit.

77. Le paragraphe 5 de l'article 14 de la loi réclame aussi quelques explications dont les étudians ecclésiastiques devront bien se pénétrer; car elles tendent à faire connaître les conditions sous lesquelles la dispense s'obtient et se conserve.

78. Aujourd'hui la dispense n'est plus accordée qu'aux *élèves des grands séminaires* (*art.* 14). Le certificat de l'évêque diocésain ne devra donc pas attester seulement que le jeune homme continue ses études ecclésiastiques, mais bien qu'il en poursuit le cours dans un *grand séminaire*. L'é-

tudiant placé dans d'autres établissemens ou auprès d'un curé ne serait pas dans la position prévue par la loi, et ne pourrait obtenir le bénéfice de la dispense.

79. Les élèves des grands séminaires pourront jouir du bénéfice de la dispense jusqu'à l'âge de 25 ans accomplis. A cette époque, ils devront être entrés dans les ordres majeurs, sous peine d'être repris pour le service et d'être tenus d'accomplir le temps de service imposé par la loi.

80. Les dispositions rappelées aux numéros 78 et 79 qui précèdent ne sont pas applicables aux étudians ecclésiastiques dispensés sur les classes antérieures à celle de 1831. Ceux-ci restent régis par la loi du 10 mars 1818, et ne peuvent être soumis à l'obligation de suivre leurs études dans un grand séminaire, ni d'être entrés dans les ordres à l'âge de 25 ans : il leur suffit, pour continuer à jouir de la dispense, de justifier, ainsi que cela avait lieu précédemment, qu'ils suivent toujours leurs études ecclésiastiques.

81. L'obligation d'être élève d'un grand séminaire pour obtenir la dispense n'entraîne pas l'obligation d'habiter dans le local même du séminaire. Il existe en France des séminaires qui sont insuffisan-

pour contenir tous les élèves qui y suivent le cours de leurs études ecclésiastiques.

82. La présentation au conseil de révision d'un certificat délivré par l'autorité supérieure diocésaine, et constatant que tel jeune homme est *élève du grand séminaire, régulièrement autorisé à continuer ses études ecclésiastiques*, suffit pour constituer le droit de tel jeune homme au bénéfice de la dispense, attendu qu'il est dans les termes rigoureux de l'article 14 de la loi.

83. Les jeunes gens qui, ayant été dispensés comme étudians ecclésiastiques, abandonneraient cette carrière, perdraient sans retour le bénéfice de la dispense, quand bien même ils se consacreraient à l'instruction publique.

84. Il en serait de même d'un jeune homme dispensé comme membre de l'instruction publique, et qui renoncerait à cette carrière pour se vouer à celle du sacerdoce.

85. Cela provient de ce que chacun de ces jeunes gens a été l'objet d'une décision prise par un conseil de révision, et que ces sortes de décisions étant, aux termes de la loi, définitives et irrévocables, on ne peut les modifier. (*Interprétation de l'article* 14.)

86. La loi impose aux jeunes gens dispensés :

—1° Comme engagés volontaires,

—2° Comme marins,

—3° Comme élèves de l'Ecole polytechnique,

—4° Comme membres de l'instruction publique,

—5° Comme élèves des grands séminaires,

Et qui cesseraient de suivre la carrière en vue de laquelle ils ont obtenu le bénéfice de la dispense, l'obligation d'en faire la déclaration au maire de leur commune dans l'année, c'est-à-dire dans le délai de douze mois, à partir du jour où ils auront cessé leurs services, fonctions ou études.

87. Ils retireront une expédition de leur déclaration; ensuite, et dans le délai d'un mois, ils devront la soumettre au visa du préfet du département dans lequel ils ont concouru au tirage.

88. S'ils négligeaient de se conformer à ces dispositions formelles de la loi, ils deviendraient passibles de la peine prononcée par le premier paragraphe de l'article 38 (*emprisonnement d'un mois à un an*), et le temps écoulé depuis la cessation de

leurs services, fonctions ou études jusqu'au moment de la déclaration qui leur est imposée, n'entrerait pas en déduction du temps de service militaire exigé de la classe dont ils font partie.

89. Si au contraire les dispensés font, dans le délai prescrit, la déclaration précitée, le temps qui se sera écoulé depuis la cessation de leurs services, fonctions ou études jusqu'au jour de cette déclaration, leur sera compté comme service militaire.

90. Les familles sentiront donc combien il est dans l'intérêt des jeunes gens dispensés de ne pas chercher à éluder les prescriptions de la loi.

§ V.

SUBSTITUTIONS.

91. L'article 18 de la loi n'autorise les substitutions de numéros que sur *la liste cantonnale*, d'où il résulte que l'échange de numéro ne peut avoir lieu que :

92. — 1° Entre tous les jeunes gens *d'un même canton* portés sur la liste de tirage de ce canton, mais seulement *jusqu'à l'époque de la clôture de la liste du contingent de ce même canton.*

93. — **2°** ***Après la clôture de la liste du contingent cantonnal***, entre les jeunes gens inscrits sur cette liste, mais seulement jusqu'à la date de l'ordre de route du jeune soldat immatriculé.

94. La substitution est un mode de remplacement d'autant plus avantageux pour le substituant, que la loi ne prive pas le frère d'un substituant *sous les drapeaux* du droit à l'exemption qu'elle n'accorde pas au frère du remplaçant *sous les drapeaux*. (*Paragraphe 6 de l'art. 13 de la loi.*)

95. D'un autre côté, la substitution ne soumet pas le substitué à la responsabilité imposée au *remplacé* par l'article 23 de la loi, en cas de désertion du remplaçant.

96. Dans tous les cas, la substitution ne peut avoir lieu qu'autant que celui qui se présente pour prendre la place du jeune homme compris définitivement dans le contingent de son canton, est reconnu propre au service par le conseil de révision.

§ VI.

REMPLACEMENT.

97. Le remplacement intéresse au plus haut degré la population, qui trop souvent a été victime de la mauvaise foi et de la cupidité. On ne saurait donc trop appeler l'attention des familles sur les dispositions suivantes.

98. Nul ne peut être admis à se faire remplacer s'il n'est compris *définitivement* dans le contingent de son canton.

99. En conséquence, tout individu qui n'est inscrit que *conditionnellement* sur la liste du contingent ne peut se faire remplacer.

Le remplacement est soumis à diverses conditions.

100. Celui qui se présente pour servir comme remplaçant, doit être Français, et ne doit pas se trouver dans un des cas d'exclusion spécifiés à l'article 2 de la loi; ce qui est constaté par un certificat conforme au modèle placé sous le n° 2 à la suite de l'ouvrage.

101. Il doit aussi être libre de tout service et obligations imposées soit par la loi du 21 mars 1832, soit par celle du 25 octobre 1795 sur l'inscription maritime.

102. Dès lors le remplaçant ne doit être

— 1° Ni jeune soldat faisant partie du contingent d'une classe non libérée,

— 2° Ni remplaçant d'un homme dont

le temps de service n'est pas légalement expiré,

— 3° Ni engagé volontaire,

— 4° Ni rengagé,

— 5° Ni inscrit maritime.

103. Or, tout militaire ou jeune soldat en congé temporaire, de quelque nature qu'il soit, ne peut être admis comme remplaçant.

104. Les remplaçans qui n'ont pas déjà servi ne doivent point être âgés de plus de trente ans.

105. S'ils ont été militaires, ils pourront être reçus jusqu'à l'âge de trente-cinq ans, mais jamais au-delà.

106. Cependant un jeune homme âgé de dix-huit ans peut remplacer son frère, s'il est reconnu propre au service; mais sa présence sous les drapeaux ne pourra conférer l'exemption à un autre frère, attendu qu'il sert à titre de remplaçant.

107. C'est au jour même du remplacement devant le conseil de révision que le remplaçant doit avoir moins de trente ans révolus, s'il n'a pas servi, ou moins de trente-cinq ans révolus, s'il est ancien militaire.

108. Tout individu marié ou veuf avec

enfans ne peut être reçu comme remplaçant. (*Art.* 19 *de la loi.*)

109. Il en est de même de celui qui aurait été réformé du service militaire.

110. L'homme exempté par un conseil de révision pour cause d'infirmité n'est pas, comme le militaire réformé, exclu de la faculté de remplacer.

111. Si un remplaçant appelé devant le conseil de révision à faire la déclaration conforme au modèle n° 5 placé à la suite de l'ouvrage, est reconnu avoir déclaré des faits contraires à la vérité, l'acte de remplacement sera déféré aux tribunaux et annulé conformément à l'article 43 de la loi.

112. C'est pourquoi il importe que les familles s'éclairent le plus possible sur les antécédens des hommes avec lesquels ils traitent du remplacement de leurs enfans, afin de ne pas être exposés, quelques mois après, à voir le remplacement annulé et le remplacé obligé de fournir un autre remplaçant ou de marcher en personne.

113. Le minimum de la taille du remplaçant est fixé à 1 *mètre* 56 *centimètres*, (4 *p.* 9 *p.* 7 *l.* 1/2), *s'il n'a pas déjà servi dans l'armée.* La loi s'exprime ainsi, parce qu'elle n'a pas voulu exclure les jeunes

soldats de la classe de 1830 et les engagés volontaires admis en vertu de la loi du 11 décembre 1830 à la taille de 1 mètre 54 centimètres, afin que ces militaires, après leur libération, puissent revenir sous les drapeaux en qualité de remplaçans.

114. Du moment qu'un jeune homme aura été admis définitivement dans le contingent de son canton, il pourra présenter au conseil de révision un remplaçant n'ayant que la taille de 1 mètre 56 centimètres ou celle de 1 mètre 54, si c'est un homme appelé en vertu de la loi du 11 décembre 1830, ou un engagé volontaire sous l'empire de cette loi; mais il n'en sera pas de même aussitôt que le jeune homme qui veut se faire remplacer aura été inscrit sur les registres matricules d'un corps conformément aux dispositions de l'article 29 de la loi.

115. Dans ce cas, le minimum de la taille de l'homme qui se présentera pour remplacer, devra être le minimum exigé pour l'arme dont ce corps fait partie.

116. Ainsi un jeune soldat ayant 5 pieds 6 pouces, peut, aussitôt après son inscription sur la liste du contingent cantonal, se faire remplacer par un homme de 4 pieds 10 pouces, tandis que, lorsqu'il est

désigné pour les carabiniers et immatriculé dans l'un des régimens de cette arme, il ne peut fournir pour remplaçant qu'un homme ayant la taille et l'aptitude physique nécessaire pour les carabiniers.

117. Le remplacement ne peut être effectué que par-devant le conseil de révision du département dans lequel le remplacé a concouru au tirage. (*Art.* 22 *de la loi.*)

118. Cette condition étant absolue, toute exception serait vainement sollicitée auprès du ministre de la guerre, et tout remplacement autorisé par un conseil de révision autre que celui désigné par la loi serait un remplacement illégal susceptible d'être annulé, conformément à l'article 43.

119. Les familles devront bien se pénétrer de ce principe, afin de ne pas perdre en vaines réclamations un temps qu'elles auraient pu employer utilement.

120. Le remplacé est, pour le cas de désertion, responsable de son remplaçant pendant un an, à compter du jour de l'acte passé devant le préfet. En conséquence, si le remplaçant déserte avant l'expiration de cette année de responsabilité, ou reste pendant tout le cours de cette même année en état d'insoumission, ce qui résulterait de la non-obéissance à l'ordre de route qui lui

aurait été notifié, le remplacé est forcé de fournir un autre remplaçant dans le délai d'un mois ou de marcher en personne. (*Art. 23 de la loi.*)

121. Dans tous les cas, et quelle que soit l'époque à laquelle la désertion ait eu lieu, l'obligation imposée au remplacé n'aura son effet qu'à l'expiration de l'année de responsabilité.

122. Lorsqu'un remplaçant, qui aura déserté dans l'année de responsabilité, sera rentré à son corps ou aura été repris avant l'expiration de ladite année, le remplacé sera définitivement libéré, et ne pourra être rappelé au service, quand bien même son remplaçant viendrait à déserter une seconde fois et serait encore en état de désertion à l'expiration de ladite année de responsabilité.

123. Il est arrivé quelquefois et il pourra arriver encore qu'un remplaçant qui, ayant déserté dans l'année de responsabilité ou étant resté en état d'insoumission, sera rentré à son corps après l'expiration de ladite année, soit volontairement, soit par l'effet d'une arrestation, avant que le remplacé ait satisfait à l'obligation de fournir un autre remplaçant ou de marcher en personne. Cette circonstance ne restituera

pas au remplacé le droit qu'il aurait eu à être libéré, si l'arrestation de son remplaçant avait eu lieu pendant l'année de responsabilité, et il peut rigoureusement être contraint de marcher ou de fournir un autre homme. Ce ne serait donc pas comme droit acquis qu'il pourrait être maintenu dans ses foyers, mais seulement par l'effet d'une mesure administrative juste sans doute, mais non obligatoire.

124. Aux termes des instructions en vigueur, le remplacé doit recevoir, par les soins du préfet de son département, l'avis de la désertion de son remplaçant; il doit recevoir un second avis, si ce remplaçant n'est pas arrêté dans le cours de l'année de responsabilité.

125. Toutefois, si ces avis n'étaient pas donnés, le remplacé ne pourrait s'en prévaloir pour refuser d'obéir à l'ordre de route qui lui serait adressé, attendu que la non-exécution d'une simple formalité qui est toute dans l'intérêt des familles ne peut, en aucun cas, dispenser un homme d'une obligation qui lui est formellement imposée par la loi : il pourrait seulement solliciter, comme mesure de faveur, son maintien dans ses foyers.

126. Les jeunes gens qui se font rem-

placer, soit en traitant de gré à gré avec leurs remplaçans, soit en traitant avec des compagnies de remplacement, ne sauraient prendre trop de précautions pour ne pas être les victimes des fraudes souvent employées pour les tromper. Aujourd'hui ils n'ont pas seulement la désertion de leur remplaçant à redouter; le remplacement peut encore être annulé par les tribunaux dans certains cas, et alors ils sont tenus de fournir un autre remplaçant ou de marcher en personne. La meilleure précaution à prendre pour éviter ce fâcheux résultat, c'est de ne payer le prix du remplacement que sur la production d'un certificat de présence sous les drapeaux, délivré par le conseil d'administration du corps dans lequel sert le remplaçant, le lendemain du jour où est expirée l'année de responsabilité imposée par la loi.

127. Les actes de substitution et de remplacement sont reçus dans les formes prescrites pour les actes administratifs, par le préfet du département dans lequel le substitué et le remplacé auront concouru au tirage. (*Art. 24 de la loi.*)

128. Les stipulations particulières qui pourraient avoir lieu entre les substituans et les substitués, les remplaçans et les rem-

placés, sont soumises aux mêmes règles et formalités que tout autre contrat civil.

129. En conséquence, l'administration ne peut s'immiscer en rien dans les arrangemens que peuvent régler les parties contractantes, et doit toujours rester étrangère aux contestations qui pourraient être la conséquence de ces mêmes arrangemens.

130. Toute réclamation adressée pour cet objet au ministre de la guerre serait donc sans aucune espèce d'utilité.

§ VII.

DÉCISIONS DES CONSEILS DE RÉVISION ET DÉLAIS ACCORDÉS POUR PRODUCTION DE PIÈCES.

(*Articles* 25 *et* 37 *de la loi.*)

131. Les décisions des conseils de révision, hors les cas prévus à l'article 26 de la loi, sont définitives et par conséquent irrévocables. Il importe donc que les jeunes gens se persuadent bien que, dès qu'ils ont été l'objet d'une décision du conseil de révision qui les a placés dans le contingent, ils ne peuvent plus obtenir ni l'exemption

ni la dispense, quand bien même ils y auraient droit.

132. Ce principe, qui de prime-abord paraîtra rigoureux, en ce qu'il peut blesser des intérêts privés, a dû être adopté dans l'intérêt général de la population.

Nous appuierons ce raisonnement de l'exemple suivant.

133. L'exemption est accordée sous la condition que l'exempté sera remplacé dans le contingent. Or, si les conseils de révision ajournaient indéfiniment l'examen des hommes qui croient avoir droit à l'exemption, il en résulterait qu'il faudrait ajourner aussi indéfiniment la formation définitive du contingent, afin de pouvoir remplir les vides causés par les exemptions accordées; circonstance qui, en retardant la libération immédiate des hommes non susceptibles de faire partie du contingent, jetterait le mécontentement dans la population.

134. Les familles se pénétreront donc de la nécessité de se procurer, avant le jour où les jeunes gens devront comparaître devant le conseil de révision, les pièces justificatives des droits que leurs enfans pourraient avoir au bénéfice des articles 14 et 15 de la loi, entre autres les

certificats de présence sous les drapeaux. On n'oubliera pas surtout d'affranchir les lettres adressées pour cet objet aux conseils d'administration des corps.

135. On prétexterait à tort l'ignorance des formalités prescrites par la loi ou le manque de temps.

136. La loi, nul ne doit l'ignorer.

137. Le manque de temps, on ne saurait raisonnablement l'admettre, attendu que l'intervalle qui sépare le tirage au sort des opérations des conseils de révision, est toujours suffisant pour se procurer, même d'une extrémité de la France à l'autre, les pièces dont on pourrait avoir besoin.

138. Au surplus, l'article 27 de la loi donne encore une latitude aux familles. Il permet aux conseils de révision d'accorder, pour production de pièces, un délai qui, il est vrai, en aucun cas ne peut dépasser vingt jours.

139. Si, malgré cette disposition bienveillante, il arrivait que des jeunes gens fussent encore privés d'une exemption ou d'une dispense, la faute n'en serait imputable qu'à eux seuls.

§ VIII.

ABSENS.

140. Les jeunes gens qui ne pourront pas comparaître devant le conseil de révision et qui auront des motifs d'exemption ou de dispense à faire valoir, feront représenter par leurs parens ou le maire de leur commune les pièces constatant leurs droits.

141. Faute par eux de se conformer à cette formalité, ils s'exposeront à être compris dans le contingent et à perdre sans retour l'exemption ou la dispense qui pouvait leur être acquise aux termes de la loi.

§ IX.

DEVANCEMENT D'APPEL.

142. La faculté de devancer la mise en activité ne peut être exercée que par les *jeunes soldats*.

143. Du moment que, par décision du conseil de révision, des jeunes gens ont été compris définitivement dans le contingent de leur canton, soit pour leur propre compte, soit en qualité de remplaçans ou de substituans, ils sont *jeunes soldats*.

144. Les jeunes gens, quoique appelés par leur numéro de tirage à faire partie du contingent à former, ne sont point *jeunes soldats* tant qu'ils n'ont pas été compris *définitivement* dans ce contingent, par décisions des conseils de révision. Ces jeunes gens ne peuvent, s'ils veulent se rendre sous les drapeaux, que contracter un acte d'engagement volontaire, conformément à l'ordonnance du 28 avril 1832.

145. Les jeunes soldats d'un canton ne sont reçus à devancer leur mise en activité qu'après que la liste du contingent de ce canton a été arrêtée et signée par le conseil de révision, et ils peuvent, selon leur aptitude, être admis à user de cette faculté dans les deux cas suivans :

146. — 1° Avant l'inscription sur les registres matricules du corps;

147. — 2° Après leur immatriculation sur ces registres.

148. Dans le premier cas, le devancement de mise en activité peut avoir lieu pour l'un ou l'autre des corps qui se recrutent dans le département auquel les jeunes soldats appartiennent, mais seulement jusqu'à concurrence du contingent affecté à

ces corps, par suite de l'ordonnance royale qui a pour objet la formation du contingent de la classe.

149. Dans le second cas, les jeunes soldats ne peuvent être autorisés à devancer leur mise en activité que pour les corps sur les registres matricules desquels ils ont été inscrits.

150. Les jeunes soldats qui voudront devancer leur mise en activité devront se présenter devant l'officier de recrutement du département chargé d'assurer l'exécution de cette mesure.

§ X.

PERMISSIONS DE MARIAGE.

151. Les militaires rendus à leurs foyers en vertu de congés illimités ou de congés d'un an ne peuvent se marier qu'après en avoir obtenu la permission du maréchal-de-camp ou de l'officier supérieur commandant la subdivision.

152. En conséquence tout militaire en congé illimité ou en congé d'un an, qui voudra se marier, remettra sa demande au maire de sa commune qui la fera par-

venir, avec son avis, par l'intermédiaire du préfet, au général ou à l'officier supérieur commandant le département.

153. Il n'en est pas de même des militaires sous les drapeaux; ceux-ci devront obtenir la permission de contracter mariage, du conseil d'administration du corps auquel ils appartiennent.

154. Il arrive souvent que des hommes placés dans l'un ou l'autre des cas dont il vient d'être parlé, s'adressent directement au ministre de la guerre. Ces sortes de démarches sont complètement sans résultat; elles entraînent des lenteurs qu'il est toujours utile d'éviter.

155. On croit devoir faire observer ici que la permission de mariage est d'une grande importance, attendu que les droits à une pension ne peuvent être transmis par un militaire, à sa veuve, qu'autant que, conformément au décret du 8 juin 1808, la veuve peut justifier de l'autorisation de mariage. L'absence de cette preuve peut suffire pour la priver de sa pension.

§ XI.

SURSIS DE DÉPART.

156. Des sursis de départ peuvent être accordés par l'officier général ou supérieur commandant la subdivision :

157. — 1° Aux jeunes soldats *présens à la revue* de départ qui justifieront de la nécessité de leur séjour dans leurs foyers pour des affaires d'intérêt ou de famille ;

158. — 2° Aux jeunes soldats *présens à la revue* qui auraient besoin de quelques jours pour rétablir leur santé et se mettre en état de faire une longue route ;

159. — 3° Aux jeunes soldats, non présens à la revue qui justifieront des motifs légitimes qui les ont empêchés de se rendre au chef-lieu du département, tels que maladie grave ou infirmités.

160. Hors ce dernier cas, un jeune soldat qui ne s'est pas présenté à la revue de départ ne pourra jamais obtenir un sursis. S'il n'obéit pas à son ordre de route, il se rend passible des peines prévues à l'article 39 de la loi dont il sera ultérieurement parlé.

161. La durée du sursis de départ est réglée par l'officier général en raison de la position du jeune soldat.

162. Un second sursis de départ ne peut être accordé que par le lieutenant-général commandant la division militaire, et seulement pour cause de maladie, d'infirmités ou pour tout autre motif grave.

TABLEAU faisant connaître la taille que doivent avoir les engagés volontaires, suivant le corps dans lequel ils demandent à entrer, et les conditions d'aptitude ou les professions exigées.

DÉSIGNATION DES ARMES.	DÉSIGNATION DES CORPS.	TAILLE EXIGÉE. MINIMUM. Nouvelle mesure. Mèt.	Mill.	Ancienne mesure. Pieds.	Po.	Lig.	MAXIMUM. Nouvelle mesure. Mèt.	Mill.	Ancienne mesure. Pieds.	Po.	Lig.
INFANTERIE.	Régimens d'infanterie de ligne	1	560	4	9	7 1/2	»	»	»	»	»
	— légère.	1	625	5	»	»	»	»	»	»	»
	Sapeurs-pompiers de la ville de Paris.										
	Compagnies de vétérans (1).										
	Bataillons d'ouvriers d'administrat. (2).	1	560	4	9	7 1/2	»	»	»	»	»
	Infirmiers entretenus (3).										
CAVALERIE.	Ecole de cavalerie (4).	1	679	5	2	»	»	»	»	»	»
	Régimens de carabiniers.	1	761	5	5	»	»	»	»	»	»
	— Cuirassiers.	1	733	5	4	»	»	»	»	»	»
	— Dragons.	1	706	5	3	»	1	747	5	4	6
	— Lanciers.										
	— Chasseurs.	1	679	5	2	»	1	721	5	3	6
	— Hussards.										
	Corps de la remonte générale.	1	679	5	2	»	»	»	»	»	»
ARTILLERIE.	Régimens d'artillerie.	1	706	5	3	»	»	»	»	»	»
	Bataillons de pontonniers (5).	1	706	5	3	»	»	»	»	»	»
	Compagnies d'ouvriers d'artillerie (6).	1	693	5	2	6	»	»	»	»	»
	Escadrons du train des parcs d'artillerie (7).	1	693	5	2	6	»	»	»	»	»
GÉNIE.	Régimens du génie (8).	1	706	5	3	»	»	»	»	»	»
	Compagnies d'ouvriers du génie (9). .										
	Train du génie (10).	1	679	5	2	»	»	»	»	»	»
ÉQUIP. M.	Corps du train des équipages militaires (11).										
	Compagnies d'ouvriers des mêmes équipages (12).	1	679	5	2	»	»	»	»	»	»

CONDITIONS d'aptitude ou professions exigées.

(1) Avoir déjà servi.

(2) Boulanger, boucher, bottier, charpentier, serrurier, menuisier, maçon.

(3) Savoir lire et écrire.

(4) Savoir lire et écrire.

(5) Batelier, cordier, charpentier de bateaux ou de bâtimens, charron, ouvrier en fer, calfat.

(6) Forgeur, serrurier, taillandier, charron, charpentier, menuisier, tonnelier.

(7) Sellier, bourrelier, maréchal-ferrant, habitué à soigner les chevaux ou à conduire les voitures.

(8) Ouvriers en fer ou en bois, ouvriers des mines et carrières ou maçon.

(9) Forgeur, serrurier, taillandier, charron, charpentier, menuisier.

(10) Sellier, bourrelier, maréchal-ferrant, habitué à soigner les chevaux ou à conduire les voitures.

(11) Sellier, bourrelier, maréchal-ferrant, habitué à soigner les chevaux ou à conduire les voitures.

(12) Forgeur, serrurier, taillandier, cloutier, charron, charpentier, menuisier.

TABLEAU faisant connaître la taill

CHAPITRE II.

§ Ier.

ENGAGEMENS VOLONTAIRES.

163. D'après l'article 2 de la loi du 21 mars 1832, tout homme qui n'est pas français ou naturalisé français ne peut contracter un acte d'engagement volontaire pour un corps de troupes françaises. C'est ce principe que rappelle l'ordonnance royale en se servant de ces mots : *Tout Français*.

164. Aucune exception ne pouvant être faite à cette disposition, ce serait sans espoir de succès qu'un étranger solliciterait son admission dans les rangs de l'armée française : les rangs de la légion étrangère lui sont seuls ouverts.

165. Tout Français qui demande à s'engager, doit :

166. — 1° Avoir au moins 18 ans accomplis et la taille d'un mètre 56 centimètres (*4 pieds* 9 *pouces* 7 1/2 *lignes*) ;

167. — 2° Jouir de ses droits civils ;

168. — 3° N'être ni marié ni veuf avec enfans;

169. — 4° Être porteur d'un certificat de bonnes vie et mœurs, conforme au modèle placé sous le n° 3 à la suite de l'ouvrage;

170.—5° S'il a moins de 20 ans, justifier du consentement de ses père, mère ou tuteur.

171. A ces conditions principales, l'ordonnance du 28 avril en ajoute d'autres relatives à l'aptitude militaire de l'homme et à son admissibilité dans les différens corps de l'armée. Elle veut :

172. — 1° Qu'il soit sain, robuste et bien constitué;

173. — 2° Qu'il n'ait pas plus de 30 ans, s'il n'a pas encore servi;

174. — 3° Qu'il ait, selon l'arme à laquelle il se destine et le corps dans lequel il veut entrer, au moins le *minimum* et au plus le *maximum* de taille tels qu'ils sont fixés au tableau annexé à l'ordonnance du 28 avril, insérée en tête de l'ouvrage à la suite de la loi;

175. — 4° Qu'il remplisse l'une des conditions d'aptitude ou qu'il exerce l'une des professions indiquées au même tableau et qui vont être énumérées ci-après.

176. Les conditions d'aptitude et d'ad-

missibilité exigées par l'ordonnance royale du 28 avril sont obligatoires comme celles qui sont insérées dans la loi.

177. En conséquence nul ne sera admis à s'engager,

Pour les compagnies de vétérans, s'il n'a déjà servi.

178. *Pour le bataillon d'ouvriers d'administration*, s'il n'est boulanger ou boucher, botteleur ou charpentier, serrurier, menuisier ou maçon.

179. *Pour les infirmiers entretenus*, s'il ne sait lire et écrire.

180. *Pour l'école de cavalerie*, s'il ne sait lire et écrire.

181. *Pour le bataillon de pontonniers*, s'il n'est batelier ou cordier, charpentier de bateaux ou de bâtimens, charron, ouvrier en fer ou calfat.

182. *Pour les compagnies d'ouvriers d'artillerie*, s'il n'est forgeur ou serrurier, taillandier ou charron, charpentier, menuisier ou tonnelier.

183. *Pour les escadrons du train des parcs d'artillerie*, s'il n'est sellier ou bourrelier, maréchal-ferrant, habitué à soigner les chevaux ou à conduire les voitures.

184. *Pour les régimens du génie*, s'il n'est ouvrier en fer ou en bois, ouvrier des mines ou carrières ou maçon.

185. *Pour la compagnie d'ouvriers du génie*, s'il n'est forgeur ou serrurier, taillandier ou charron, charpentier ou menuisier.

186. *Pour le train du génie*, s'il n'est sellier ou bourelier, maréchal-ferrant, habitué à soigner les chevaux ou à conduire les voitures.

187. *Pour le corps du train des équipages militaires*, s'il n'est sellier ou bourrelier, maréchal-ferrant, habitué à soigner les chevaux ou à conduire les voitures.

188. *Pour les compagnies d'ouvriers du train des équipages*, s'il n'est forgeur, serrurier, taillandier, cloutier, charron, charpentier ou menuisier.

189. Les Français qui ont déjà servi peuvent, aux termes de l'article 2 de l'ordonnance, s'engager jusqu'à trente-cinq ans révolus; mais, passé l'âge de trente ans, leur engagement ne peut avoir lieu que pour un corps de l'arme dont ils auront fait partie, à moins qu'ils n'exercent une profession utile à l'arme dans laquelle ils veulent servir.

190. Ainsi, par exemple, si un militaire âgé de plus de trente ans, et qui a toujours servi dans l'infanterie, demande à s'engager pour un corps de cavalerie, ou le bataillon de pontonniers, ou une compagnie d'ouvriers d'artillerie, son engagement pourra être reçu s'il est maréchal ferrant, batelier ou cordier, forgeur ou serrurier, etc., etc.

191. Passé l'âge de trente-cinq ans, mais seulement jusqu'à quarante-cinq, les anciens militaires seront admis à s'engager pour les compagnies de vétérans de l'armée.

192. Tout gagiste qui contractera un engagement volontaire conformément à la loi, sera reçu à compter, comme temps de service militaire, le temps qu'il aura passé sous les drapeaux en qualité de gagiste, mais à partir seulement de l'âge de dix-huit ans. — Cet avantage accordé aux gagistes n'est restreint par aucune limite d'âge passé dix-huit ans. En conséquence, un gagiste âgé de plus de trente-cinq ans pourra contracter un engagement volontaire avec l'autorisation, toutefois, des inspecteurs généraux d'armes.

193. Un gagiste qui n'aurait pas le mini-

mum de la taille exigée par la loi (1 mètre 56 centimètres), ne pourra dans aucun cas être admis à contracter un engagement volontaire.

194. Les engagemens volontaires étant contractés pour *une arme* et non plus pour un corps, un engagé ne pourrait se refuser de passer d'un régiment dans un autre, pourvu que ces régimens fassent partie *de la même arme.*

195. Il n'y a dans l'armée française que cinq *armes*, savoir :

L'infanterie,

La cavalerie,

L'artillerie,

Le génie,

Et les équipages militaires.

196. Tout homme qui veut s'engager, doit d'abord faire constater qu'il a les qualités requises pour l'arme dont il a fait choix. A cet effet, il se présente devant le chef du corps dans lequel il désire prendre du service, ou devant l'officier de recrutement du département, ou enfin devant l'officier de gendarmerie le plus voisin de sa résidence.

197. Ces officiers sont les seuls qui aient qualité pour constater l'aptitude militaire des engagés volontaires.

198. L'officier devant lequel l'engagé se sera présenté, délivrera, s'il y a lieu, un certificat d'acceptation.

199. Muni de ce certificat, l'homme qui veut s'engager se présentera devant le maire *d'un chef-lieu de canton*, qui seul, d'après l'article 34 de la loi du 21 mars 1832, est appelé à dresser les actes d'engagement, conformément au modèle placé sous le n° 4 à la fin de l'ouvrage.

200. Tout engagement qui ne serait pas contracté devant un *maire de chef-lieu de canton* serait nul de droit. (Conséquence de l'art. 34 de la loi.)

201. L'homme qui veut s'engager justifiera de son âge par un acte de naissance, ou, à défaut de cette pièce, par l'acte de notoriété prescrit par l'art. 70 du Code civil (1), ou encore par un titre produit conformément à l'article 46 du même Code (2). (*Voir les articles ci-après transcrits.*)

(1) Article 70 du Code :
L'officier de l'état civil se fera remettre l'acte de naissance de chacun des futurs époux ; celui des époux qui serait dans l'impossibilité de se le procurer pourra le suppléer en rapportant un acte de notoriété délivré par le juge de paix du lieu de sa naissance, ou par celui de son domicile.

(2) Article 46 du Code civil :
Lorsqu'il n'aura pas existé de registres ou qu'ils

202. Il produira un certificat délivré par le maire de sa commune, constatant qu'il jouit de ses droits civils, et qu'il est de bonnes vie et mœurs.

203. Le modèle de ce certificat est placé à la fin de l'ouvrage, sous le n° 3.

204. Si l'homme s'engage dans le département où il a son domicile, la légalisation, sur le certificat dont il vient d'être parlé, de la signature du maire par le sous-préfet, et celle du sous-préfet par le préfet, ne sont pas indispensables.

205. Dans le cas où il s'engagerait dans un autre département, cette double légalisation est de rigueur. (Voir le *nota* placé à la fin du modèle n° 3.)

206. Si l'engagé a moins de vingt ans, il est tenu de justifier du consentement *par écrit* de ses père, mère ou tuteur, ce dernier duement autorisé par une délibération du conseil de famille.

207. L'engagé aura encore à faire devant le maire du *chef-lieu de canton*, chargé de

seront perdus, la preuve en sera reçue tant par titres que par témoins, et dans ces cas les mariages, naissances et décès pourront être prouvés, tant par les registres et papiers émanés des père et mère décédés que par témoins.

dresser son acte d'engagement et en présence de deux témoins, la déclaration

1° Qu'il n'est ni marié ni veuf avec enfans ;

2° Qu'il n'est lié au service de terre ou de mer ni comme engagé volontaire ou rengagé, ni comme appelé ou substituant, ni comme remplaçant ou inscrit maritime.

208. Si l'homme qui demande à s'engager a déjà servi, il devra justifier qu'il est dégagé des obligations qui lui étaient imposées, et produire en conséquence le titre en vertu duquel il est rentré dans ses foyers, ou a été licencié ou congédié.

209. Cette justification aura lieu selon les positions suivantes par la production de l'une des pièces ci-dessous indiquées.

210. Jeune soldat ayant fait partie du contingent d'une classe.	Certificat provisoire de libération ou congé définitif du service actif. Congé de réforme. Congé de renvoi.
211. Engagé volontaire ou rengagé.	Certificat provisoire de libération ou congé définitif du service actif. Congé de réforme. Congé de renvoi. Annulation judiciaire ou administrative de l'acte d'engagement ou de rengagement.

212. Remplaçant ou substituant.	Certificat provisoire de libération ou congé définitif du service actif. Congé de réforme. Congé de renvoi. Annulation de l'acte de remplacement ou de substitution.
213. Inscrit maritime.	Acte de déclassement signé par le commissaire de l'inscription maritime de son quartier.

214. Les militaires qui ont été réformés peuvent être reçus à contracter des engagemens volontaires s'ils réunissent les conditions d'aptitude prescrites par l'ordonnance du 28 avril.

215. La durée de l'engagement volontaire est de sept ans, excepté dans le cas prévu au 2e paragraphe de l'article 33 de la loi sur le recrutement, qui permet en temps de guerre les engagemens de deux ans.

216. Le temps de service commencera du jour où l'homme a contracté son engagement.

217. Il résulte de cette disposition que les jeunes gens qui, après s'être engagés sont désignés pour faire partie du contingent d'une classe, ne peuvent compter

leur temps de service *que du jour où ils ont souscrit leur acte d'engagement*, et non pas du jour que détermine l'article 30 de la loi pour la durée du service des jeunes soldats appelés de leur classe; attendu que c'est comme engagés volontaires et non comme jeunes soldats qu'ils sont sous les drapeaux.

218. L'engagé volontaire qui, un mois après le jour où il aurait dû arriver à son corps, n'y serait pas rendu, sera déclaré insoumis et se rendra passible des peines portées à l'article 39 de la loi du 21 mars 1832 dont il sera ultérieurement parlé au chapitre de la pénalité.

219. Un engagé volontaire ne peut être contraint de servir dans *une autre arme* que celle dont il a fait choix et qui est mentionnée dans son acte d'engagement.

220. S'il est reconnu impropre au service de cette arme et s'il ne consent pas à passer dans une autre pour laquelle il réunirait les conditions requises, il sera renvoyé dans ses foyers.

221. Si cet engagé volontaire fait partie du contingent d'une classe non libérée, et si son numéro de tirage a été appelé à l'activité, il recevra une destination pour

un corps de l'arme dans laquelle il sera reconnu pouvoir servir.

222. Dès lors son engagement sera considéré comme nul et non avenu.

§ II.

RENGAGEMENS.

223. Les rengagemens peuvent être reçus pour deux, trois, quatre ou cinq ans, selon la volonté des militaires.

224. C'est seulement pendant le cours de la dernière année de son service qu'un militaire peut être admis à se rengager.

225. D'après ce principe, les militaires qui veulent contracter un rengagement doivent en faire la demande avant l'expiration de leur dernière année de service; car cette dernière année expirée, ils ne sont plus dans les termes de l'article 36 de la loi, et par conséquent n'ont plus le droit de se rengager.

226. Il importe donc que les militaires se pénètrent bien de cette condition rigoureuse, afin de ne pas être exposés à perdre les avantages que leur présente le rengagement.

227. Ils pourraient même, en négligeant de se conformer à cette prescription de la loi, se mettre dans l'impossibilité de rentrer sous les drapeaux; l'exemple suivant rendra ce raisonnement plus frappant :

228. Un militaire âgé de 45 ans qui compte 20 ou 25 ans de service, s'il néglige de se rengager en temps utile, ne peut plus ni s'engager puisqu'il a passé le maximum de l'âge, ni se rengager puisqu'il a laissé expirer la dernière année de son service. Il perd dono la faculté d'atteindre l'époque où des droits à une retraite lui eussent été assurés. Circonstance fâcheuse, déplorable pour un ancien militaire qui n'a presque toujours pour seul espoir de sa vieillesse que les invalides ou la modeste pension attachée aux trente années qu'il a consacrées au service de sa patrie.

229. L'ordonnance du 28 avril rendue en exécution de la loi du 21 mars, détermine les différentes conditions que doivent remplir les militaires qui veulent se rengager.

230. La première condition est celle dont il vient d'être parlé; c'est que le militaire doit être dans le cours de la dernière année de son service.

231. La seconde, c'est qu'il doit être sain, robuste et en état de faire un bon service.

232. La troisième veut que le militaire n'ait pas cinquante ans d'âge ou trente ans de service accomplis.

233. D'après cette dernière prescription, tout militaire qui compterait 50 ans d'âge ou 30 années de service ne pourrait être admis à se rengager.

234. Un militaire peut se rengager soit pour le corps dans lequel il sert, soit pour tout autre corps.

235. Dans tous les cas, il doit s'adresser au chef du corps dans lequel il veut continuer à servir.

236. Si sa demande est accueillie, il lui sera délivré une attestation portant :

237. — 1° Qu'il réunit les qualités requises pour faire un bon service.

238. — 2° Qu'il a toujours tenu une bonne conduite pendant son séjour au corps.

239. — 3° Qu'il peut *rester* ou *être admis* dans le corps pour lequel il se présente.

240. Si le militaire veut se rengager pour le corps dans lequel il sert, l'attestation ci-dessus sera délivrée tout entière par le chef de ce corps.

241. Mais si au contraire il demande à

se rengager pour un autre corps, le chef de ce corps aura à délivrer l'attestation qui constate que le militaire peut y être admis; les deux autres circonstances seront toujours attestées par le chef du corps auquel le militaire appartient.

242. Muni de l'attestation exigée aux n°s 237 et suivans, le militaire se présentera devant le sous-intendant militaire ayant la surveillance administrative de son corps pour contracter son rengagement.

243. Les rengagemens seront toujours contractés pour l'arme dans laquelle le militaire veut continuer à servir.

244. Le militaire en congé temporaire ou illimité pourra être admis à contracter un rengagement devant le sous-intendant militaire de son département, en produisant :

245. — 1° Un certificat du chef de son corps, constatant qu'il est dans la dernière année de son service, condition sans laquelle le rengagement ne peut avoir lieu.

246. — 2° Un certificat d'aptitude délivré par l'officier du recrutement dans le département.

247. — 3° Un certificat de bonne conduite délivré par le chef de corps dont il fait partie.

248. — 4° Si le militaire est absent de son corps depuis plus de trois mois, un certificat de bonne conduite délivré par le maire de la commune où il est domicilié ou en résidence.

249. — 5° Un certificat du chef du corps pour lequel il demande à contracter un rengagement constatant qu'il peut *rester* ou *être admis* dans ce corps.

250. Aussitôt le rengagement contracté le militaire en congé sera mis en route pour le corps dans lequel il aura demandé à continuer à servir.

251. Quelle que soit la date du rengagement, le nouveau service auquel s'oblige le rengagé ne comptera qu'à partir du jour où aura cessé le service auquel il était tenu précédemment.

252. Tout militaire qui aura achevé son temps de service ne sera plus susceptible de contracter un rengagement. Il ne pourra rentrer dans les rangs de l'armée que comme engagé volontaire ou remplaçant, s'il satisfait aux diverses conditions exigées pour l'un ou l'autre cas.

253. La haute-paie journalière à laquelle le rengagement donne droit ne sera allouée au rengagé qu'à partir du jour où commence son rengagement. (Voir à cet égard

la circulaire du 5 juillet 1832, rapportée textuellement à la page 49.)

264. Le montant de cette haute-paie journalière est indiqué au tableau qui fait suite à l'article 30 de l'ordonnance du 28 avril 1832.

CHAPITRE III.

REMPLACEMENT DANS LES CORPS.

255. Le remplacement dans les corps n'est point un droit résultant de la loi; c'est une simple faculté accordée sous certaines conditions.

256. Les autorisations de remplacement sont accordées par les maréchaux-de-camp commandant les subdivisions, sur la proposition des conseils d'administration des corps.

257. En conséquence, la première chose que doit faire un militaire qui veut se faire remplacer, c'est de s'assurer de l'assentiment du conseil d'administration de son corps, en justifiant des motifs qui réclament son retour dans sa famille.

258. L'homme qui n'a jamais servi, ne pourra remplacer un militaire en activité de service, s'il est âgé de plus de vingt-six ans révolus, et s'il est marié.

259. Un ancien militaire légalement libéré pourra, s'il n'est pas marié, être admis comme remplaçant jusqu'à l'âge de

35 ans, si le militaire qu'il doit remplacer est dans la même arme que celle où il servait lui-même avant sa libération, et seulement jusqu'à l'âge de 30 ans si ce militaire sert dans une autre arme. (*Décision du* 13 *avril* 1828.)

260. L'homme qui se présente pour remplacer un militaire, doit justifier qu'il est dégagé des obligations de la loi, soit en produisant un certificat du maire de sa commune duement légalisé, constatant qu'il a été libéré par son numéro de tirage, ou exempté par le conseil de révision, et si c'est un ancien militaire, en produisant son congé définitif de libération.

261. Le remplaçant devra également produire un certificat de bonnes vie et mœurs, conforme au modèle n° 2 placé à la fin de l'ouvrage.

262. Si c'est un militaire libéré du service depuis moins de trois mois, son congé de libération et le certificat de bonne conduite délivré par le corps, tiendront lieu du certificat dont il est parlé au n° 261 qui précède. (*Disposition prise par assimilation à celle adoptée pour les remplacemens devant les conseils de révision.*)

263. Le militaire admis à se faire rem-

placer versera dans la caisse du corps, pour l'habillement et l'équipement de son remplaçant, la somme fixée pour l'arme à laquelle il appartient, conformément au tableau ci-après :

264. *Sommes représentant la première mise d'habillement, dans les diverses armes.*

Infanterie.	100 fr.
Artillerie à pied ou génie. . .	120
Ouvriers du génie.	150
Carabiniers et cuirassiers . .	160
Dragons.	140
Chasseurs.	150
Hussards.	200
Artillerie à cheval.	150
Train d'artill. et des équipages.	160

265. Le militaire remplacé sera responsable de son remplaçant pour le cas de désertion, pendant une année.

266. En conséquence, un an et un jour après la signature de l'acte, le remplacé sera définitivement libéré si son remplaçant n'a point déserté, ou si ayant déserté, il est revenu ou a été ramené au corps, avant l'expiration de ladite année de responsabilité.

267. Dans le cas, au contraire, où le remplaçant déserterait avant l'expiration de l'année de responsabilité, ou ne rentrerait pas au corps dans le cours de cette même année, le remplacé sera tenu de fournir un autre remplaçant ou de venir reprendre sa place au corps, sous peine d'être déclaré lui-même déserteur.

268. Mais cette obligation de marcher ou de fournir un autre remplaçant ne pourra être imposée au remplacé qu'après l'expiration de l'année de responsabilité, ainsi que cela a lieu pour les remplacemens effectués, aux termes de la loi, devant les conseils de révision.

CHAPITRE IV.

DURÉE DU SERVICE ET LIBÉRATION.

269. Les sous-officiers et soldats qui auront fait leur temps de service, recevront des congés définitifs.

270. Il en sera délivré également aux jeunes soldats qui, à l'expiration du temps fixé par la loi, n'auraient pas encore été incorporés.

271. Le temps de service imposé aux jeunes soldats et aux engagés volontaires est fixe à sept ans. (*Art.* 30 *de la loi.*)

272. Toutefois, en cas de guerre, les militaires libérables ne seront renvoyés qu'après l'arrivée au corps des hommes de nouvelle levée, appelés pour les remplacer sous les drapeaux. (*Art.* 30 *idem.*)

273. Le temps de service courra pour les sous-officiers et soldats incorporés comme appelés, ainsi que pour les jeunes soldats non encore mis en activité, du premier janvier de l'année où ils auront été inscrits sur les registres matricules des corps.

274. Il courra pour les engagés volontaires du jour où l'engagement aura été reçu par l'autorité civile.

275. Les militaires pourront faire compter, en déduction du temps de service imposé par la loi, le temps qu'ils auraient passé sous les drapeaux avant le 1er janvier de l'année de leur immatriculation comme jeunes soldats.

276. Il ne sera pas tenu compte pour la délivrance des congés définitifs aux engagés volontaires et aux remplaçans du temps pendant lequel ils auraient servi antérieurement à la date de l'acte en vertu duquel ils sont sous les drapeaux.

277. Le droit à un congé de libération résultant de l'accomplissement, soit comme militaire sous les drapeaux, soit comme jeune soldat disponible, du nombre d'années de service exigé par la loi, il importe de faire connaître d'une manière précise les diverses circonstances où il y a lieu de faire une déduction sur ce temps de service.

278. Dans les différens cas qui vont être présentés ci-après, les militaires qui auront une déduction à subir, resteront sous les drapeaux, au-delà de l'époque fixée pour la libération de leur classe, un temps égal à celui qui doit être déduit.

279. Cette condition sera la même pour les engagés volontaires et rengagés.

DÉDUCTION A FAIRE SUR LE TEMPS DE SERVICE.

280. On ne comptera pas pour les années de service exigées par la loi :

281. — 1° *Au militaire condamné comme déserteur, et ensuite revenu sous les drapeaux à l'expiration de sa peine, ou par l'obtention de sa grace,*

Le temps qui se sera écoulé depuis le jour de sa désertion jusqu'à celui de sa rentrée dans les rangs de l'armée, c'est-à-dire, jusqu'au jour où il aura reçu une feuille de route pour rejoindre son corps ;

282. — 2° *Au jeune soldat qui, avant la promulgation de la loi du* 21 *mars* 1832, *aura été déclaré insoumis, et condamné par un conseil de guerre comme déserteur,*

Le temps passé depuis le jour où il a été déclaré insoumis jusqu'à la date de la feuille de route qui lui aura été délivrée pour se rendre à sa destination après l'expiration de sa peine, ou l'obtention de sa grace ;

283. — 3° *Au jeune soldat déclaré insoumis et condamné par un conseil de guerre à une*

détention, conformément à l'article 39 de la loi du 21 mars 1832,

Le temps passé depuis le jour où il aura été déclaré insoumis jusqu'à celui où, après sa sortie de prison, il aura reçu sa feuille de route pour être incorporé ;

284. — 4° *Au jeune soldat qui, en vertu d'un jugement rendu depuis la promulgation de la même loi, se trouvera en détention au moment de la formation du contingent dont il fera partie,*

Le temps qui se sera écoulé depuis le 1er janvier de l'année où il aura été immatriculé, si la détention est antérieure à cette époque, jusqu'au jour où ce jeune soldat sera mis en route pour rejoindre le corps auquel il sera destiné.

285. Si sa détention est postérieure au 1er janvier, le temps qui se sera écoulé depuis le commencement de cette détention jusqu'au jour où il sera mis en route.

286. — 5° *A tout sous-officier, caporal, brigadier ou soldat, condamné à une détention par un jugement d'un tribunal civil, correctionnel ou criminel, ou d'un conseil de guerre, depuis la promulgation de la loi du 21 mars 1832,*

Le temps qui sera écoulé depuis le jour

du jugement jusqu'à celui où il aura reçu sa feuille de route pour rentrer à son corps, après l'expiration de sa peine ou l'obtention de sa grace ;

287. — 6° *Au jeune soldat qui, depuis la promulgation de la même loi, ayant perdu ses droits à la dispense, et ayant, par son numéro de tirage, été mis en activité de service,*

Le temps écoulé depuis le jour de la cessation des services, fonctions ou études qui lui avaient fait accorder la dispense, jusqu'au jour où il aura reçu sa feuille de route pour se rendre à son corps. Cette déduction n'aura pas lieu si le dispensé a fait la déclaration prescrite par le dernier paragraphe de l'article 14 de la loi.

288. — 7° *A tout sous-officier, caporal, brigadier ou soldat condamné par un conseil de guerre, avant la promulgation de la même loi, à une détention pour tout autre délit que celui de desertion,*

Le temps écoulé depuis le jour de sa condamnation jusqu'à celui où il aura reçu une feuille de route pour rejoindre son corps, soit à l'expiration de sa peine, soit après l'obtention de sa grace.

289. *Nulle déduction n'aura lieu sur les années de service exigées par la loi :*

290. — 1° Au jeune soldat qui, déclaré insoumis avant la publication de l'instruction du 12 octobre 1832, n'aura pas été mis en jugement ;

291. — 2° Au jeune soldat déclaré insoumis, mis en jugement, soit avant, soit après la promulgation de la loi du 21 mars 1832 et acquitté par un conseil de guerre ;

292. — 3° Au jeune soldat condamné à la détention par un tribunal civil, correctionnel ou criminel, avant la promulgation de la loi du 21 mars 1832;

293. — 4° A tout sous-officier, caporal, brigadier ou soldat qui, s'étant absenté de ses drapeaux sans congé ou permission en bonne forme, et qui, après être rentré volontairement à son corps ou y avoir été ramené par la gendarmerie, n'aura pas été mis en jugement;

294. — 5° A tout sous-officier, caporal, brigadier ou soldat qui, mis en jugement comme prévenu d'un délit quelconque, aura été acquitté ;

295. — 6° A tout sous-officier, caporal, brigadier ou soldat qui, mis en jugement comme prévenu du délit de désertion, a été acquitté par un conseil de guerre;

296. — 7° A tout sous-officier, caporal, brigadier ou soldat, condamné à la détention par un tribunal civil, correctionnel ou criminel, antérieurement à la promulgation de la loi du 21 mars 1832.

297. En principe, il ne peut y avoir déduction que dans les cas où il y a eu condamnation.

CHAPITRE V.

PÉNALITÉ.

298. L'article 8 de la loi exige que les tableaux de recensement soient dressés sur la déclaration des jeunes gens, leurs parens ou tuteurs; d'après cette disposition, les cas d'omission devront être fort rares, à moins qu'ils ne soient le résultat d'une résolution prise par les jeunes gens, leurs parens ou tuteurs de ne point se soumettre aux obligations de la loi.

299. C'est ce délit que punit l'article 38, en déférant le coupable aux tribunaux.

Les conséquences d'une condamnation sont :

300. — 1° D'encourir un emprisonnement d'un mois à un an. (*Art. 38 de la loi.*)

301. — 2° D'avoir le premier numéro de tirage de la classe suivante, conformément à l'article 11 de la loi. (*Idem.*)

302. Les omis condamnés perdent donc la chance qu'il y a pour tout homme ap-

pelé à mettre la main dans l'urne, celle d'obtenir un bon numéro.

303. Les familles sentiront en conséquence combien il importe pour leurs enfans de ne pas s'exposer à des résultats aussi fâcheux pour le seul avantage de les soustraire momentanément à la loi.

304. Toutefois, la pénalité imposée pàr l'article 38 ne peut être appliquée aux jeunes gens omis sur les classes antérieures à celle de 1831, lesquelles étaient régies par la loi du 10 mars 1818.

305. Agir autrement, ce serait donner à la loi du 21 mars un effet rétroactif; ce serait faire peser sur les familles l'ignorance où elles étaient de la nature du châtiment désormais infligé à l'omission volontaire.

306. Tout jeune soldat qui aura reçu un ordre de route et ne sera point arrivé à sa destination au jour fixé par cèt ordre, sera déclaré insoumis. (*Art. 39 de la loi.*)

307. S'il est arrêté ou s'il se représente volontairement, il sera traduit devant un conseil de guerre. (*Idem.*)

308. S'il est acquitté, il sera immédiatement dirigé sur le corps auquel il était destiné. (*Interprétation du même article.*)

309. Le jeune soldat déclaré insoumis

ne sera pas admis à se faire remplacer devant le conseil de révision ; il recouvrera cette faculté s'il est acquitté par le conseil de guerre, et si l'autorité militaire supérieure lui accorde un délai nécessaire à ce remplacement. (*Interprétation résultant de l'art. 38 de la loi.*)

310. Des dispositions salutaires sont consacrées par la loi pour mettre un terme à la protection que trouvent souvent dans l'intérieur du royaume les jeunes soldats insoumis. Une peine d'un mois à un an de prison peut être prononcée contre les individus reconnus coupables :

311. — 1° D'avoir recélé ou pris à leur service un insoumis;

— 2° D'avoir favorisé l'évasion d'un insoumis;

— 3° D'avoir, par de manœuvres coupables, empêché ou retardé le départ d'un jeune soldat. (*Art. 40 de la loi. N° 173 de l'instruction du 30 mars.*)

312. Cet article est trop clair et trop précis pour qu'il soit utile de lui donner aucuns développemens.

313. L'article 41 de la loi du 21 mars attaque une manie honteuse et indigne du caractère français.

314. Parmi les jeunes gens appelés à

faire partie du contingent de leur classe, il s'en est trouvé qui se sont présentés devant les conseils de révision ou à la revue de départ atteints de mutilations, d'infirmités ou de maladies simulées, contractées dans l'intention de se soustraire au service militaire.

315. Malgré les moyens employés par le charlatanisme pour faire croire que ces mutilations sont le résultat d'accidens imprévus, et que ces maladies ou infirmités sont réelles, les gens de l'art appelés à les examiner, parviennent presque toujours à découvrir les ruses, et dans ce cas l'homme qui a eu la lâcheté d'en faire usage, est renvoyé devant les tribunaux et puni d'un emprisonnement d'un mois à un an. (*Art. 41 de la loi.*)

316. La même peine est prononcée contre les complices de ces fraudes. Elle est doublée si les complices sont des médecins, chirurgiens, officiers de santé ou pharmaciens. (*Art. 41 idem.*)

317. Les mutilés condamnés restent, après l'expiration de leur peine, à la disposition du ministre de la guerre pour tout le temps que doit à l'État la classe dont ils font partie. (*Idem.*)

318. En conséquence, et bien que leur

numéro de tirage ne soit pas encore appelé à l'activité, ils peuvent recevoir immédiatement une destination.

319. L'article 43 de la loi du 21 mars met un terme aux nombreux abus auxquels ont donné lieu les substitutions et surtout les remplacemens sous l'empire de la loi du 10 mars 1818. Dans toutes circonstances et quels que fussent les vices du remplacement autorisé par les conseils de révision, cette loi n'imposait de responsabilité au remplacé que pour un an et pour le seul fait de la désertion de son remplaçant : par ce moyen, elle favorisait, en libérant toujours les remplacés, les spéculations honteuses auxquelles tant de gens se sont livrés impunément jusqu'à ce jour.

320. Il n'en est pas de même aujourd'hui ; la nouvelle loi veut que toute substitution, tout remplacement, effectués en contravention à ses dispositions soient déférés aux tribunaux, afin de prononcer la nullité de l'acte et de punir d'un emprisonnement de trois mois à deux ans les auteurs des fraudes commises.

321. La nouvelle loi veut encore que sur le jugement qui prononcerait la nullité d'un acte de substitution ou de remplacement, l'appelé soit tenu de rejoindre son

corps ou de fournir un remplaçant dans le délai d'un mois, à dater de la notification de ce jugement.

322. Dans ce cas, la responsabilité du remplacé est illimité; elle pèse sur lui pendant tout le temps de service qui lui est imposé par la loi; ainsi, par exemple, si son remplacement vient à être annulé, en vertu de l'article 43 de la loi, 3, 4 ou 5 ans après qu'il a été effectué, lui remplacé ne peut invoquer, pour établir sa libération, l'article 23 de la même loi, qui est seulement applicable au cas de désertion, et il est tenu de marcher ou de fournir un nouveau remplaçant :

323. Les cas de contravention sont entre autres, pour l'acte de substitution :

—1° Si celui qui s'est présenté à la place de l'appelé n'a point été porté sur la liste cantonale de celui-ci. (*Art.* 18 *de la loi.*)

— 2° Si le substituant n'a point été reconnu propre au service par le conseil de révision. (*Même article.*)

— 3° Si le substituant se trouve dans un cas d'exclusion. (*Art.* 2 *de la loi.*)

— 4° Si l'individu admis au corps n'est pas le même que l'individu qui a comparu devant le conseil de révision et a souscrit l'acte devant le préfet. (*Art.* 43 *de la loi.*)

— 5° Si l'acte de substitution a été le résultat de production de pièces fausses ou qui n'appartenaient pas au contractant. (*Même article.*)

324. Les cas de contravention aux dispositions de la loi du 21 mars 1832, pour l'acte de remplacement, sont encore plus nombreux et l'on ne peut indiquer ici que les principaux :

— 1° Si le remplaçant n'est pas Français. (*Art. 2 de la loi.*)

— 2° S'il a été condamné à une peine afflictive ou infamante. (*Idem.*)

— 3° S'il a été condamné à une peine correctionnelle de deux ans d'emprisonnement et au-dessus, et en outre placé par le jugement de condamnation, sous la surveillance de la haute police et interdit des droits civiques, civils et de famille. (*Idem.*)

— 4° S'il était déjà lié au service pour son compte ou celui d'un autre. (*Art. 19.*)

— 5° Si, n'étant pas militaire ou frère du remplacé, il est âgé de moins de vingt ans ou de plus de trente. (*Idem.*)

— 6° Si, ayant été militaire, il a plus de trente-cinq ans. (*Idem.*)

— 7° Si, étant frère du remplacé, il a moins de dix-huit ans ou plus de trente. (*Idem.*)

— 8° S'il est marié ou veuf avec enfans. (*Idem.*)

— 9° Si, n'ayant pas encore servi dans l'armée, il n'a pas au moins la taille d'un mètre 56 centimètres. (*Idem.*)

— 10° Si, ayant servi dans un corps, il a été renvoyé dans ses foyers avec un congé de réforme ou avec un congé de renvoi. (*Idem.*)

— 11° Si, jeune soldat laissé dans ses foyers, il a obtenu un congé de renvoi pour ses infirmités. (*Idem.*)

— 12° S'il n'a pas justifié par les certificats prescrits à l'article 20 de la loi, de son domicile pendant au moins un an dans une commune. (*Art.* 20.)

— 13° S'il ne jouit pas de ses droits civils. (*Idem.*)

— 14° S'il a été condamné à une peine correctionnelle pour vol, escroquerie, abus de confiance ou attentat aux mœurs. (*Idem.*)

— 15° Si, ayant été militaire, il n'a pas produit un certificat de bonne conduite du corps dans lequel il a servi. (*Art.* 21.)

— 16° S'il a été admis par le conseil de révision d'un département autre que celui dans lequel le remplacé a concouru au tirage. (*Art.* 22.)

— 17° Si le remplacement a été effectué au moyen de pièces fausses ou de manœuvres frauduleuses. (*Art. 43.*)

— 18° S'il y a substitution de personne dans le remplaçant, c'est-à-dire si le remplaçant admis au corps n'est pas l'individu reçu par le conseil de révision et qui a souscrit l'acte administratif de remplacement. (*Idem.*)

325. Cette série de cas où il peut y avoir lieu de faire annuler un remplacement, prouve combien il importe que les jeunes soldats qui traitent de leur remplacement, prennent toutes les précautions possibles pour ne pas être trompés; la première est, comme il a été dit au chapitre du remplacement, de ne payer le remplaçant qu'après l'expiration de l'année de responsabilité.

FIN.

TABLE.

Absens. 95
Nécessité de comparaître ou de se faire représenter devant le conseil de révision, nos 140 et 141. *ibid.*
Avancement dans l'armée. (Loi du 14 avril 1832). . . . . 52 à 58
Comparution des jeunes gens devant le conseil de révision, nos 12 et 13. 64
Dispenses ou *Déductions*. (Art. 14 de la loi). 74
Différens cas de dispenses, nos 62, 63, 64, 65, 66, 67, 68 et 78. — Conditions à remplir par les membres de l'Instruction publique, nos 71, 72, 73, 74, 75, 76. — Conditions à remplir par les étudians ecclésiastiques, nos 77, 78, 79, 81, 82. — Disposition relative aux étudians ecclésiastiques dispensés sur les classes antérieures à celle de 1831, no 80. — Étudians ecclésiastiques qui renoncent à la carrière du sacerdoce pour se vouer à celle de l'instruction, no 83. — Membres de l'Instruction publique qui se vouent au sacerdoce, no 84. — Obligations imposées aux dispensés qui cessent de suivre la carrière en vue

de laquelle ils ont obtenu la dispense, nos 86, 87, 88. — Dispositions relatives à ceux qui ne se conformeraient pas à ces obligations, no 89. — Conseils aux familles, no 90.

Décisions des conseils de révision. 12

Les décisions des conseils de révision sont définitives et irrévocables, nos 131 à 139.

Devancement d'appel. 95

Faculté accordée aux jeunes soldats de devancer l'appel à l'activité, nos 142 à 150.

Déduction à faire sur le temps de service. . . 125

Différens cas où une déduction doit être faite dans le temps de service imposé aux militaires, nos 280 à 288. — Cas où la déduction ne doit pas avoir lieu, nos 290 à 297.

Durée du service et délivrance des congés de libération, nos 269 à 279. 123

Exemptions. 65

Défaut de taille, no 13. — Aîné d'orphelins, nos 15 à 23. — Fils unique ou aîné de femme veuve ou d'un père aveugle ou septuagénaire, nos 24, 25 et 26. — Famille composée d'enfans d'un même père décédé et de mères différentes, no 28. — Deux frères concourant au même tirage, nos 29 à 35. — Frère d'un militaire sous les drapeaux, nos 36, 43 et 45. — Frère d'un militaire qui sert comme remplaçant, no 36. —

Frère d'un militaire mort en activité de service, ou réformé, ou admis à la retraite pour blessures ou infirmités, nos 38, 39, 40 et 44. — Frère d'un militaire rentré dans ses foyers avec un congé de renvoi, nos 41 et 42.—Circonstances où les exemptions doivent être déduites, nos 46 à 55. — Omis dont les droits à l'exemption sont survenus postérieurement aux opérations de la classe dont ils auraient dû faire partie, nos 56, 57, 58 et 59.— Frère d'un Français mort en combattant pour la liberté dans les journées de juillet 1830, no 60.

Engagemens volontaires. 101

Ordonnance du 28 avril 1832. . . . . 38 à 8

Les étrangers ne peuvent être admis à s'engager, nos 163-164. — Conditions de l'engagement, nos 166 à 175. — Conditions spéciales à différens corps, nos 177 à 188. —Les anciens militaires peuvent s'engager jusqu'à 35 ans révolus, nos 189, 190 et 191. — Dispositions spéciales aux gagistes, nos 192 et 193. — Les engagemens sont contractés pour *une arme* et non plus pour un corps, nos 194 et 195. — Formalités à remplir pour s'engager, nos 196 à 214. — Les engagemens ne peuvent être reçus que par les maires *des chefs-lieux de canton*, nos 199, 200. — Un militaire réformé n'est pas exclu de la faculté de s'engager, no 214. — Durée de l'engagement, nos 215, 216 et 217. — Peine encourue par l'engagé volontaire qui, un mois après le jour où il aurait dû arriver à son corps, n'y serait pas rendu, no 218. — Un engagé volontaire ne peut être contraint de servir dans une autre arme que celle dont il a fait choix, nos 219, 220, 221 et 222.

Inscription sur les tableaux de recensement et tirage au sort. 59

Époque à laquelle l'inscription doit se faire, no 1. — Comment cette inscription a-t-elle lieu, nos 2 et 3. — Nécessité de se faire inscrire, nos 4 et 5. — Commune dans laquelle doit avoir lieu l'inscription, nos 6 et 7. — Cas où les fils des étrangers non naturalisés sont soumis aux obligations du recrutement, no 8. — Réclamation des jeunes gens contre leur inscription sur les tableaux de recensement, nos 9 et 10. — Utilité qu'il y a pour les jeunes gens inscrits de surveiller l'opération du tirage, qui, dans aucun cas, ne peut être recommencée, no 11.

Libération. — Voir *Durée du service*. . . . 123

Loi du 21 mars 1832 sur le recrutement de l'armée........................5 à 37

Pénalité........................ 131

Dispositions relatives aux jeunes gens qui auront été omis sur les tableaux de recensement à l'aide de fraudes ou de manœuvres, nos 298 à 305. — Jeunes soldats insoumis, nos 306 à 312. — Jeunes gens atteints de mutilations volontaires ou d'infirmités factices, nos 313, 314, 315, 316, 317 et 318 — Substitutions et remplacemens effectués en contravention aux dispositions de la loi, nos 319, 320 et 321. — Responsabilité du remplacé en cas de remplacement frauduleux, n° 322. — Cas où il y a contravention dans un acte de substitution, n° 323. — Cas de contravention pour l'acte de remplacement, n° 324. — Observations sur ce chapitre, n° 325.

Permissions de mariage............... 97

Formalités que doivent remplir, pour être reçus à se marier, les militaires en congés illimités dans leurs foyers, nos 151 et 152. — Formalités à remplir par les militaires sous les drapeaux, n° 153. — Recommandations importantes, nos 154 et 155.

Rengagemens........................ 112

Durée du rengagement, n° 223. — Époque

à laquelle il doit être contracté, nos 224, 225, 226, 227 et 228. — Conditions sous lesquelles un militaire sous les drapeaux est admis à se rengager, et formalités qu'il doit remplir, nos 229 à 243. — Formalités à remplir par le militaire en congé temporaire ou illimité, nos 244 à 250. — Date du rengagement, n° 251. — Haute-paie journalière affectée au rengagement, nos 253 et 254.

Circulaire. 49

Remplacement devant les conseils de révision. 83

Quand commence pour les jeunes gens la faculté de se faire remplacer, nos 98 et 99. — Conditions à remplir par le remplaçant, nos 100 à 110. — Cas où un remplaçant fait devant le conseil de révision une fausse déclaration, nos 111 et 112. — Taille du remplaçant, nos 113, 114, 115, 116. — Devant quel conseil de révision le remplacement doit être effectué, nos 117, 118 et 119. — Responsabilité imposée au remplacé en cas de désertion de son remplaçant, nos 120, 121, 122 et 123. — Avis à donner au remplacé lorsque son remplaçant déserte, nos 124, 125. — Conseils salutaires aux familles, n° 126. — Le gouvernement ne doit jamais s'immiscer dans les contrats passés entre les remplaçans et les remplacés, nos 127, 128, 129 et 130.

Remplacement dans les corps. 119

Faculté du remplacement, no 255. — Par qui sont délivrées les autorisations, no 256. — Marche à suivre par le militaire qui désire se faire remplacer, no 257. — Conditions à remplir par le remplaçant, nos 259, 260, 261 et 262. — Versement à faire par le remplacé, nos 263 et 264. — Responsabilité du remplacé en cas de désertion de son remplaçant, nos 265, 266, 267 et 268.

Sursis de départ. 99

Par qui sont délivrés les sursis de départ, no 156. — Dans quelles circonstances, nos 157, 158, 159 et 160. — Durée des sursis, no 161. — Par qui peuvent être accordés les seconds sursis demandés par les jeunes soldats, no 162.

Substitutions. 82

Cas où les substitutions de nos peuvent avoir lieu, nos 91, 92 et 93. — Avantage de la substitution, nos 94 et 95. — Condition de la substitution, no 96.

MODÈLE N° 1.

MODÈLE N° 1.

TABLEAU *destiné à servir d'interprétation au paragraphe noté 6° de l'article 13 de la loi du 21 mars 1832.*

Militaires considérés comme étant *sous les drapeaux* et qui, servant à tout autre titre que *pour remplacement*, confèrent à leurs frères le droit à l'exemption.

Officiers généraux des armées de terre et de mer. . . . . Membres de l'intendance militaire. . . Officiers supérieurs et autres d'état-major et des corps de toutes armes des armées de terre ou de mer. . . . Officiers de santé des armées de terre et de mer.	Lorsqu'ils sont employés activement.
Sous-officiers, caporaux, brigadiers, soldats, tambours, clairons et trompettes de tous les corps faisant partie de l'armée de terre ou de mer (1). . .	Lorsqu'ils sont à leur corps, ou lorsqu'ils sont en congé *illimité* ou *temporaire*.

(1) Les corps dont se compose l'armée de terre, sont tous les corps réguliers et permanens créés en vertu d'ordonnances royales, tels que

Les régimens d'infanterie de ligne et légère.
Les régimens de cavalerie.
Les régimens et troupes d'artillerie.
Les régimens et troupes du génie.
Le corps des équipages militaires.
Les dépôts de remontes.
Le bataillon d'ouvriers d'administration.
Le corps des infirmiers entretenus de l'armée de terre.
Les compagnies de discipline.
Les compagnies de vétérans.
Les compagnies départementales.
La légion étrangère.
Les bataillons de Zouaves.
Les régimens de chasseurs d'Afrique.
Les compagnies des gardes-côtes d'Alger.
La gendarmerie.
Les voltigeurs corses.
La garde municipale et les sapeurs-pompiers de la ville de Paris.

Les troupes de la marine sont :

Les équipages de ligne.
Les régimens d'infanterie de la marine.
Le régiment d'artillerie de la marine.
La compagnie d'ouvriers d'artillerie de la marine.

Volontaires de la marine et inscrits maritimes.	**Embarqués sur les bâtimens de la marine royale, en temps de guerre seulement.**

Militaires considérés comme n'étant pas *sous les drapeaux*, et ne conférant pas à leurs frères le droit à l'exemption.

Officiers généraux des armées de terre et de mer. . . . . Membres de l'intendance militaire. . . Officiers supérieurs et autres d'état-major et des corps de toutes armes des armées de terre ou de mer. . . . Officiers de santé des armées de terre et de mer.	Lorsqu'ils ne sont pas employés activement.
Sous-officiers, caporaux, brigadiers, soldats, tambours, clairons et trompettes ayant fait partie de l'un des corps de l'armée de terre on de mer.	Lorsqu'ils sont porteurs de congés d'un an *renouvelables* jusqu'à l'époque de leur libération ou de congés dits *de renvoi*.

Gagistes (musiciens, maîtres-ouvriers et ouvriers) non liés au service comme appelés, substituans, engagés volontaires ou rengagés.

e et inscrits ma-	Embarqués sur les bâtimens de la marine royale, en temps de guerre seulement.

. comme n'étant pas *sous les drapeaux*, urs frères le droit à l'exemption.

armées de terre . . . . e militaire. . . autres d'état- le toutes armes u de mer. . . . ırmées de terre	Lorsqu'ils ne sont pas employés activement.
ıx, brigadiers, lairons et trom- tie de l'un des erre on de mer.	Lorsqu'ils sont porteurs de congés d'un an *renouvelables* jusqu'à l'époque de leur libération ou de congés dits *de renvoi*.

naîtres-ouvriers et ouvriers) non liés au lés, substituans, engagés volontaires ou

MINIST

DE LA G

Modèle n° 1 *bis*.

MINISTÈRE

DE LA GUERRE.

MODÈLE N° 1 *bis*.

TABLEAU *destiné à servir d'interprétation au paragraphe noté* 7° *de l'article* 13 *de la loi du* 21 *mars* 1832, *en ce qui concerne l'exemption accordée au frère du militaire* mort en activité de service.

Militaires qui, décédés dans l'une des positions ci-après, doivent être considérés comme *étant morts en activité de service* et confèrent à leurs frères le droit à l'exemption.

Officiers généraux des armées de terre et de mer. . . . . **Membres de l'intendance militaire. . .** **Officiers supérieurs et autres d'état-major et des corps de toutes armes des armées de terre et de mer. . . . . . .** **Officiers de santé des armées de terre et de mer. . . . .**	Pourvus de lettres de service. En disponibilité. En solde de congé. En congé de convalescence. En congé de semestre. En congé temporaire. Absens par permission. Absens par autorisation.
Sous-officiers, caporaux, brigadiers, soldats, tambours, clairons et trompettes de tous les corps faisant partie de l'armée de terre et de mer (1). . .	En congé de semestre. En congé d'un an. En congé illimité. En congé de convalescence. En congé temporaire. Absens par permission. Absens par autorisation.
Engagés volontaires, jeunes soldats appelés, substituans ou remplaçans. . .	En route pour rejoindre un corps.

Militaires qui, décédés dans l'une des positions ci-après, ne doivent pas être considérés comme *étant morts en activité de service* et ne confèrent pas à leurs frères le droit à l'exemption.

Officiers généraux des armées de terre et de mer. . . . . **Membres de l'intendance militaire. . .** **Officiers supérieurs et autres d'état-major et des corps de toutes armes des armées de terre et de mer. . . . . . .** **Officiers de santé des armées de terre et de mer. . . . .**	En réforme, avec ou sans traitement.

(1) La désignation des corps dont se compose l'armée de terre ou de mer fait suite au tableau annexé sous le n° 1, qui précède.

Sous-officiers, caporaux, brigadiers, soldats, tambours, clairons et trompettes de tous les corps faisant partie des armées de terre et de mer. . . .	En état de désertion.
Jeunes soldats immatriculés et laissés dans leurs foyers.	En congé illimité. En congé d'un an. Porteurs d'un sursis de départ. Porteurs d'un certificat provisoire de renvoi.

Gagistes (musiciens, maîtres-ouvriers et ouvriers) non liés au service comme appelés, substituans, engagés volontaires ou rengagés.

brigadiers, ns et trom- ısant partie mer. . . .	En état de désertion.
ės et laissés	En congé illimité. En congé d'un an. Porteurs d'un sursis de départ. Porteurs d'un certificat provisoire de renvoi.

îtres-ouvriers et ouvriers) non liés au bstituans, engagés volontaires ou ren-

MODÈLE Nº 2.

DÉPARTEMENT

d

CANTON

d

—

COMMUNE

d

Modèle n° 2.

Certificat *délivré conformément à l'article 20 de la loi du 21 mars 1832, au sieur qui a déclaré vouloir servir dans les armées comme remplaçant.*

Extrait de l'article 20 de la loi du 21 mars 1832.

« Dans le cas où le maire de la commune ne connaîtrait pas l'individu qui « ferait la demande de ce certificat, il devra en constater légalement l'identité, « et recueillir les preuves et témoignages qu'il jugera convenables pour arri « ver à la connaissance de la vérité. »

Nous soussigné, Maire de la commune d
canton d département d

Attestons 1° que le sieur (1)
fils de et de
domicilié à canton d département
d né le
à canton d département
d (ainsi qu'il résulte de son acte de naissance duement légalisé)
cheveux sourcils yeux
front nez bouche
menton visage teint
(2)
taille d'un mètre millimètres, est (ou a été) domicilié dans ladite commune d
depuis le (3) mil huit cent
jusqu'au (3) mil huit cent

2° Qu'il jouit de ses droits civils;

(1) Nom et prénoms de l'homme qui se présente comme remplaçant.

(2) Indiquer ici les marques particulières.

(3) Mettre la date et le millésime en toutes lettres.

3° Qu'il n'a jamais été condamné à une peine correctionnelle pour vol, escroquerie, abus de confiance ou attentat aux mœurs.

En foi de quoi nous lui avons délivré le présent certificat.

(3) Voir la note d'autre part.

Fait à le (3)
mil huit cent

(*Signature du Maire.*)

Vu pour légalisation de la signature de M.
Maire de la commune d

Le Sous-préfet de l'arrondissement d

Vu pour légalisation de la signature de M.
Sous-préfet de l'arrondissement d

Le Préfet du département d

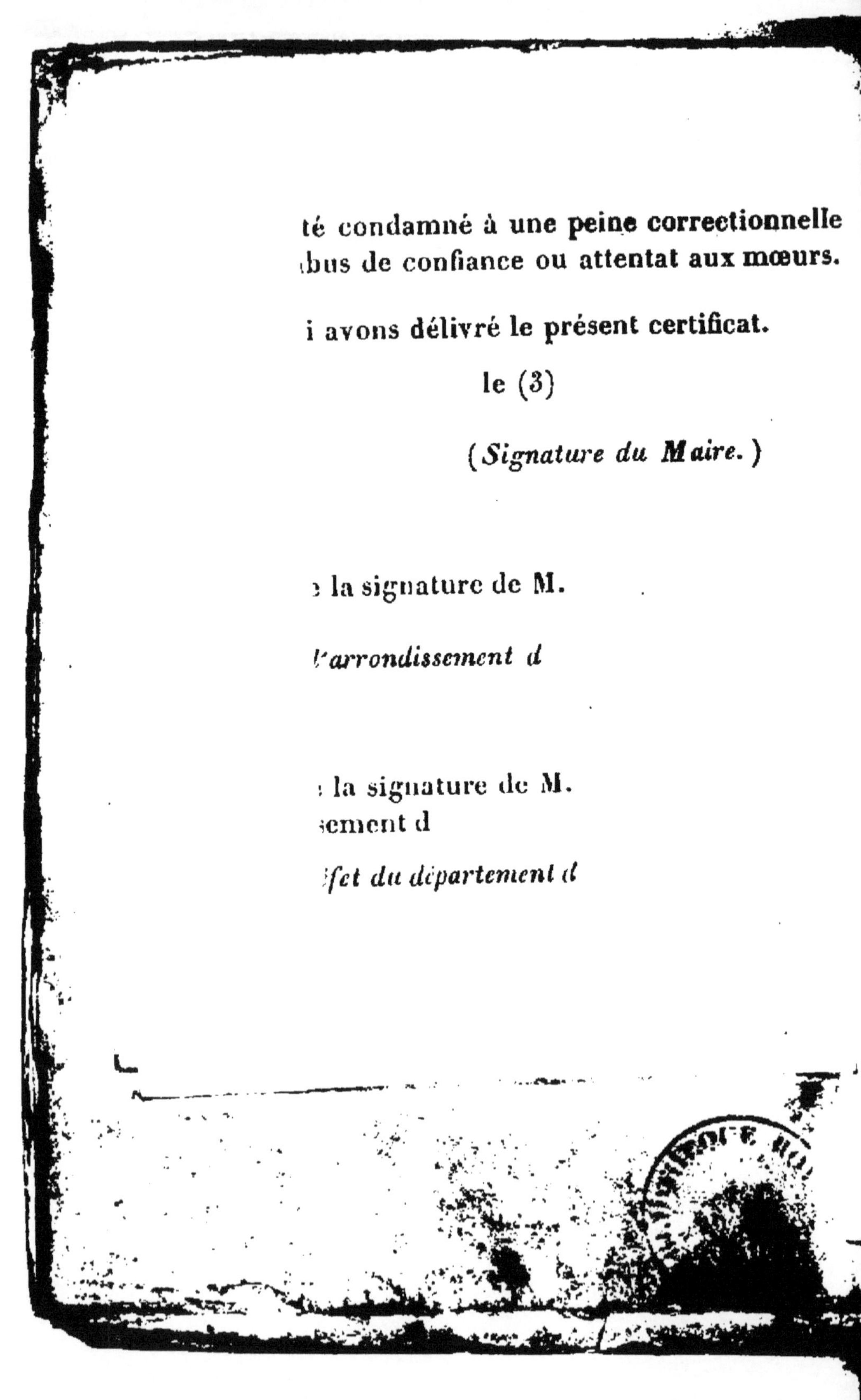

té condamné à une peine correctionnelle
ıbus de confiance ou attentat aux mœurs.

i avons délivré le présent certificat.

le (3)

(*Signature du Maire.*)

: la signature de M.

l'arrondissement d

: la signature de M.
sement d

fet du département d

DÉPART

MODÈLE N° 3

DÉPARTEMENT

d

CANTON

d

—

COMMUNE

d

Modèle n° 3.

Certificat *délivré, conformément à l'article* 20 *de la loi du* 21 *mars* 1832, *au sieur* *qui a déclaré vouloir servir dans les armées comme engagé volontaire.*

Extrait de l'article 20 de la loi du 21 mars 1832.

« Dans le cas où le maire de la commune ne connaîtrait pas l'individu qui « ferait la demande de ce certificat, il devra en constater légalement l'identité, « et recueillir les preuves et témoignages qu'il jugera convenables pour arri- « ver à la connaissance de la verité. »

Nous soussigné, Maire de la commune d
canton d département d

Attestons 1° que le sieur (1)
fils d et d
domicilié à canton d département
d . né le
à canton d département
d (ainsi qu'il résulte de son acte de naissance duement légalisé),
cheveux sourcils yeux
front nez bouche
menton visage teint
(2)
taille d'un mètre millimètres, est (ou a été) domicilié dans ladite commune d
depuis le (3) mil huit cent
jusqu'au (3) mil huit cent

2° Qu'il jouit de ses droits civils;

(1) Nom et prénoms de l'homme qui se présente comme engagé.

(2) Indiquer ici les marques particulières.

(3) Mettre la date et le millésime en toutes lettres.

3° Qu'il n'a jamais été condamné à une peine correctionn pour vol, escroquerie, abus de confiance ou attentat aux mœu

En foi de quoi nous lui avons délivré le présent certificat.

Fait à le (3)
mil huit cent

(*Signature du Maire.*)

Vu pour légalisation de la signature de M.
Maire de la commune d

Le Sous-préfet de l'arrondissement d

Vu pour légalisation de la signature de M.
Sous-préfet de l'arrondissement d

Le Préfet du département d

Nota. Si l'engagement est contracté dans le département où l'engagé volontaire est domicilié, la légalisation des signatures du Maire et du Sous-préfet n'est point indispensable.

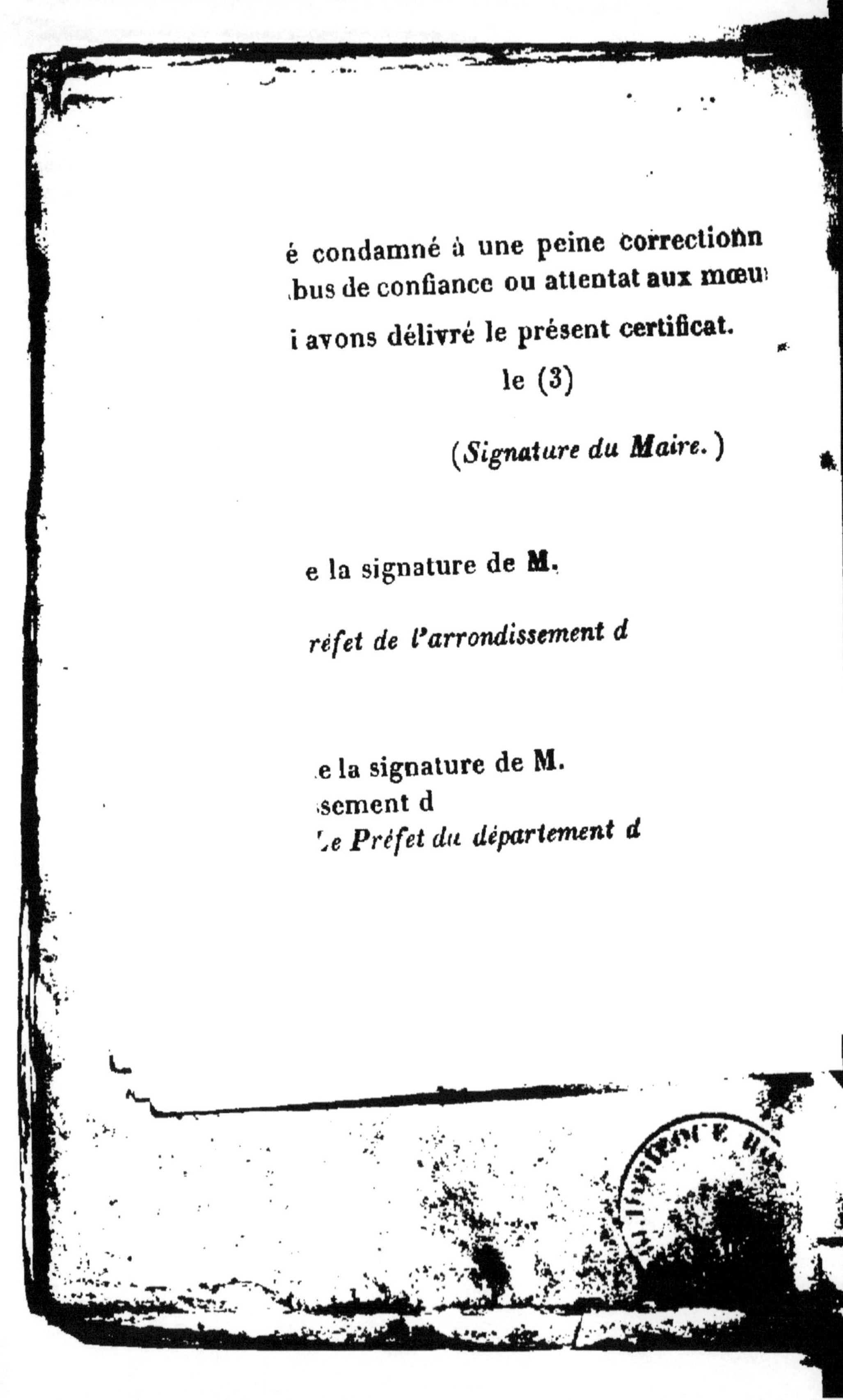

é condamné à une peine correctionn
.bus de confiance ou attentat aux mœu:

i avons délivré le présent certificat.

le (3)

(*Signature du Maire.*)

e la signature de M.

réfet de l'arrondissement d

.e la signature de M.
.sement d
'.e Préfet du département d

l'engagé.

(15) Nom et prénoms de l'engagé.

(16) Nom et prénoms de l'engagé.

(*e*) Si l'engagé ou les témoins ne peuvent signer, il sera fait mention de la cause qui les en empêchera, conformément à l'article 39 du Code civil.

qui ne se

dant sept

rticle 33

acte, ils

Modèle n° 4.

ACTE D'ENGAGEMENT.

(1) Maire ou adjoint.

(2) Nom et prénoms.

(a) S'il'engagé a déjà servi, spécifier, d'après sa déclaration (à la suite de l'indication de sa profession), en quelle qualité et dans quel corps.

(3) Indiquer ici les marques particulières.

(4) Nom et prénoms du premier témoin.

(5) Nom et prénoms du deuxième témoin.

(6) Indication de l'arme. Cette indication sera ou Infanterie. Cavalerie. Artillerie. Génie. Équip. mil.

L'an le à heures s'est présenté devant nous (1) de la commune d chef-lieu de canton, arrondissement d département d

Le sieur (2) âgé de exerçant la profession d (a) domicilié à canton d arrondissement d département d , résidant à canton d , arrondissement d département d ; fils d et de domiciliés à canton d département d cheveux sourcils front yeux nez bouche menton visage (3) taille d'un mètre millimètres.

Lequel assisté du sieur (4) âgé de exerçant la profession d domicilié à canton d arrondissement d département d

Et du sieur (5) âgé de exerçant la profession d domicilié à canton d arrondissement d département d appelés l'un et l'autre comme témoins, conformément à la loi;

A déclaré vouloir s'engager pour servir dans l'arme d (6)

A cet effet, et après avoir fait la déclaration,

1° Qu'il n'est ni marié, ni veuf avec enfans;

2° Qu'il n'est lié au service ni comme appelé ou substituant, ni comme engagé volontaire ou rengagé, ni comme remplaçant ou inscrit maritime;

(7) Nom et prénoms de l'engagé.

(8) Nom, grade et corps de l'autorité militaire signataire du certificat.

(9) Nom de l'engagé.

(10) Désignation du corps.

(b) Si ce n'est pas un acte de naissance que l'engagé produit, on énoncera le titre qu'il présentera, conformément à l'article 46 du Code civil.

(11) Indication du jour, du mois et de l'année de la naissance (en toutes lettres).

(12) Indiquer la commune.

(13) Nom de l'engagé.

(c) Si l'engagé a moins de vingt ans, on indiquera sous ce numéro le consentement qu'il est tenu de produire conformément à la loi.

(d) On indiquera sous ce numéro les autres pièces que l'engagé qui aura déjà servi devra produire, conformément à l'article 11 de l'ordonnance du 28 avril 1832 sur les engagemens, pour justifier qu'il est dégagé de toute obligation.

(14) Nom et prénoms de l'engagé.

(15) Nom et prénoms de l'engagé.

(16) Nom et prénoms de l'engagé.

(e) Si l'engagé ou les témoins ne peuvent signer, il sera fait mention de la cause qui les en empêchera, conformément à l'article 39 du Code civil.

Ledit sieur (7) nous a présenté,

1° Un certificat délivré sous la date du et constatant par (8) que ledit sieur (9) n'est atteint d'aucune infirmité; qu'il a la taille et les autres qualités requises pour l'arme à laquelle il se destine, et que l'effectif du (10) dans lequel il demande à entrer, permet de l'y admettre;

2° Son acte de naissance (b) constatant qu'il est né le (11) à canton d arrondissement d département d

3° Un certificat de bonnes vie et mœurs délivré sous la date du par le maire d (12) conformément à l'article 20 de la loi du 21 mars 1832, et constatant,

1° Que ledit sieur (13) jouit de ses droits civils;

2° Qu'il n'a jamais été condamné à une peine correctionnelle pour vol, escroquerie, abus de confiance ou attentat aux mœurs;

4° (c)

5° (d)

Nous Maire du chef-lieu de canton d après avoir reconnu la régularité des pièces produites par le sieur (14) lui avons donné lecture,

1° Des articles 2, 31, 32, 33, 34 de la loi du 21 mars 1832;

2° Des articles 17 et 18 de l'ordonnance royale du 28 avril 1832, lesquels ordonnent de faire conduire de brigade en brigade par la gendarmerie, les engagés volontaires trouvés hors de la route qui leur est tracée, et de poursuivre comme insoumis ceux qui ne se rendent pas à leur destination dans les délais prescrits

Après quoi nous avons reçu l'engagement du sieur (15)

Lequel a promis de servir avec fidélité et honneur pendant sept ans, durée de l'engagement volontaire, aux termes de l'article 33 de la loi du 21 mars 1832, et à partir de ce jour.

Lecture faite audit sieur (16) et aux deux témoins ci-dessus dénommés, du présent acte, ils ont signé avec nous (e)

nous a présenté ,
ıs la date du
et constatant
n'est atteint

ı taille et les autres qualités requises
estine , et que l'effectif du (10)
dans lequel il demande à entrer ,

5)
›nstatant qu'il est né le (11)
canton
à
département
ment d

's vie et mœurs délivré sous la date
ıirc d (12) conformément à
ırs 1832, et constatant ,
jouit

ndamné à une peine correctionnelle
. de confiance ou attentat aux mœurs ;

après
e canton d
les pièces produites par le sieur (14)
avons donné lecture ,
, 33 , 34 de la loi du 21 mars 1832 ;
l'ordonnance royale du 28 avril 1832 ,
conduire de brigade en brigade par la
›lontaires trouvés hors de la route qui

DÉPAR

d

MODÈLE N° 5.

DÉPAR

d

MODÈLE N° 5.

DÉPARTEMENT

d

MODÈLE n° 5.

DÉCLARATION

Qu'a faite le sieur à l'effet d'être admis à servir dans les armées comme remplaçant.

Le soussigné (1)
né le à
canton d département d
résidant à canton d
département d fils d
et d déclare par-devant le conseil de révision du département d et en présence des sieurs (2)

1° N'être pas lié au service comme appelé ou substituant, engagé volontaire, rengagé, remplaçant, ou inscrit maritime.

2° N'être point marié ni veuf avec enfans,

3° N'avoir point été réformé du service militaire, et n'avoir reçu, en conséquence, ni congé de réforme, ni congé de renvoi.

En foi de quoi le sieur (1)
a signé (3) la présente déclaration, après en avoir pris ou entendu lecture.

A le 18

Nous soussignés, témoins dénommés ci-dessus, attestons que la déclaration qui précède a été faite en notre présence.

A le 18

Vu :

Le Président du conseil de révision,

(1) Nom et prénoms de l'homme qui se présente comme remplaçant.

(2) Noms, prénoms et qualités de deux témoins *connus,* et indication de leur domicile.

(3) Si le déclarant ne sait signer, il en sera fait mention, et il apposera une croix.

www.ingramcontent.com/pod-product-compliance
Ingram Content Group UK Ltd.
Pitfield, Milton Keynes, MK11 3LW, UK
UKHW020557180726
13838UKWH00001B/306

9 782329 312682